I0786343

PAUL FRANKL

WELTREGIERUNG
Governo mondiale

con un giudizio critico di
ALBERT EINSTEIN

Traduzione
LAURA CIORBA e FRANCESCA PICCIRILLI

Edizione a cura di
BRIGITTE FRANKL

Foto copertina: Wikipedia
Stele del re Naram Sin (ca 2200 a.C.)

Prima Edizione: 1948
        Paul Frankl
        Weltregierung
        MCMXLVIII
        H.E.STENFERT KROESE'S UITGEVERS-MIJ N.V. LEIDEN
        Copyright 1948
        By H.E. STENFERT KROESE'S
        UITGEVERS-MAATSCHAPPIJ N.V.
        LEIDEN (HOLLAND) – Printed in Holland

Edizione in Italiano: 2018
        con la Traduzione della lettera di Albert Einstein.

GIUDIZIO CRITICO

Princeton, 27 febbraio 1944

Caro Sig. Frankl,

ho letto con particolare interesse il Suo manoscritto e voglio innanzitutto comunicarle le mie impressioni. La prima parte risulta chiara e comprensibile. La seconda parte contiene bei pensieri, tuttavia l'effetto risulta inficiato dal suo risentimento nei confronti dei militari e delle antiche tradizioni della violenza. Infine, tutti i rapporti sono subordinati ad accadimenti storici aventi origini antecedenti. L'aspetto emotivo permea necessariamente tutta l'opera, tutto ciò che facciamo; quando il lettore percepisce troppo acutamente tutto ciò, la rappresentazione di una buona parte della sua capacità di persuasione si perde. Si percepisce inoltre che questa è l'opera di un profugo. A mio parere questa sfumatura dovrebbe essere meglio celata tra le righe. Credo che in questo senso il Sig. Kahler sia stato in grado di far ciò poiché nella sua opera egli è riuscito in modo brillante a camuffare i suoi sentimenti di profugo. Le consiglio quindi di evitare questo scoglio.

Ora passiamo al progetto stesso. La ragione principale è che abbiamo bisogno di una prova: un governo del mondo sovranazionale è necessario al fine di frenare le velleità di guerra dei singoli stati nazionali. I governi dei singoli stati nazionali non sono pronti a cedere una significativa parte della propria sovranità nazionale ad un governo sovranazionale. Inoltre un governo sovranazionale dovrebbe essere reso indipendente dalle farraginosità della macchina politica; in questo senso, quindi le popolazioni dovrebbero prendere parte attiva al sostegno dei singoli paesi.

Perciò sorge spontaneo il quesito: sarebbe possibile fondare dei "partiti mondiali" all'interno dei singoli stati la cui totalità abbia un potere tale da sostenere tale potere del governo mondiale tanto da far sì i governi nazionali possano decidersi ad appoggiare tale forma di governo mondiale? Non è possibile dare una logica risposta a questa domanda, tutt'al più è possibile rispondere a livello intuitivo. Quando sufficiente volontà e sentimento, un sufficiente numero di persone sostengono un tale movimento ed è presente una forza di persuasione sufficiente da parte degli individui influenti, allora qualcosa di simile potrebbe riuscire; altrimenti un tale intento non apparirebbe ai miei occhi come destinato a fallire se gli attuali stati nazionali indipendenti fossero abbastanza piccoli e numerosi. La reale situazione dei fatti è che, in merito all'argomento di nostro interesse, stiamo parlando di un numero troppo esiguo di stati nazionali che hanno un potere effettivo sul nostro pianeta. Per queste ragioni, mi pare quasi impossibile che un'Organizzazione con le succitate caratteristiche possa avere abbastanza potere da compensare il potere di ciascuno di questi grandi stati indiviuali.

Devo apertamente riconoscere, non senza rincrescimento, che la follia militare durerà fintanto che uno degli stati rappresenterà un potere tale da risultare irresistibile in modo tale che la Guerra per il resto del mondo diventi inconcepibile. Fino a che ciò non si verificherà, ecatombi si susseguiranno.

Malgrado la mia pessimistica opinione, vedrei volentieri pubblicato il suo manoscritto (ripulito da tutte le scorie emozionali) e potrei volentieri impiegare la mia limitata influenza per far pendere l'ago della bilancia a suo favore.

Un amichevole saluto
Sempre suo
A. Einstein

PREMESSA

Molti tedeschi si sono allontanati da quelli che erano gli obiettivi politici nonché i mezzi per raggiungerli propri dei loro padri e antenati. L'obiettivo verso cui tendono ora è nuovo e migliore, è un obiettivo che richiede metodi altrettanto innovativi, elaborati da uomini in grado di cogliere le possibilità che si profilano nell'ambiente circostante e superare attraverso di esse le difficoltà in cui versa il mondo odierno al fine di garantire un nuovo benessere, emergere dall'incertezza che domina oggigiorno per coronare il sogno di una pace duratura. Ciononostante, guardano con perplessità ai metodi e ai principi politici che animano i vincitori, ai negoziati delle Nazioni Unite, alle teorie delle democrazie occidentali, così come alla teoria e ai metodi della "democrazia popolare" dell'Est. I due decenni di incessante propaganda ad opera dei Nazisti hanno avuto l'inaspettato risvolto di affinare il senso critico dei tedeschi. Certo non mancano coloro che, eccessivamente critici, dichiarano di non voler avere più nulla a che fare con la politica senza però pensare che questa loro cocciuta passività è anch'essa una politica che li porterà un giorno ad accorgersi di essere scivolati fatalmente nella sottomissione a volontà straniere. Chi è politicamente più attivo si sente così inibito da questo gruppo di senza speranze, e ancor più da un altro gruppo rappresentato da chi, non avendo imparato nulla dall'inesorabile crollo della politica nazista, auspica a un ritorno alla vecchia via.

Questo libro si rivolge ai critici, ai supercritici e anche a coloro che credono ancora alle teorie politiche di chi li ha preceduti. Tutti quanti desiderano infatti risollevarsi dalla miseria in cui versano oggi e vorrebbero credere che valga la pena pensare a una futura Germania risanata grazie alla creazione di un governo internazionale di stampo democratico. Con risanamento del paese si vuole intendere in questo caso l'ottenimento di quanto spetta ai tedeschi conformemente allo zelo e all'ingegno che sapranno impegnare, né più né meno. I tedeschi possono infatti contribuire a fare sì che entro pochi anni raggiungano un governo internazionale funzionante ed equo. La questione non deve essere elusa meramente menzionando la divisione della Germania in quattro zone; certo il popolo tedesco ora non ha voce in capitolo dal punto di vista politico, ma è pur vero che ha un grande vantaggio derivante dal fatto che innanzitutto non deve affrontare un disarmo e in secondo luogo può finalmente esprimersi in qualità di popolo, senza la pressione di un governo che annebbia le menti tramite la sua propaganda e cerca di indurre al silenzio tramite il terrore. Per lo meno nelle zone occidentali vige la libertà di pensiero e opinione e nonostante quanto se ne dica in merito alle zone di occupazione, va riconosciuto che tale libertà è molto più possibile rispetto a quanto non lo fosse sotto l'ultimo governo tedesco.

Questo libro vuole essere un sostegno ai lettori tedeschi per aiutarli a formulare un pensiero critico sul significato di un governo internazionale di stampo democratico e per illustrare loro come viene progettato tale modello negli ambienti politici dei paesi occidentali.

Dopo il mio soggiorno in Germania ero tentato di dedicare un capitolo al rapporto che il popolo tedesco ha nei confronti della democrazia e dell'autocrazia di stampo militare, ma mi sono poi ricreduto perché sarebbero stati necessari degli studi più approfonditi. Un'ottima spiegazione del concetto di "popolo" tedesco di cui ero alla ricerca mi è poi giunta grazie al libro "1848, Rechtfertigung und Vermächtnis"[1] di G. W. Zimmermann, edito a Berlino, 1948. Nel libro vengono messe a confronto in un'indagine strettamente scientifico oggettiva le forze conservative o più propriamente reazionarie emergenti dal 1848 con gli istinti democratici del popolo. La Germania è stata rallentata nel suo sviluppo politico dalla repressione della rivoluzione del 1848 e si trova oggi di fronte all'arduo compito di cambiare il proprio modo di pensare riconoscendo come falsità le idee inculcate dalla falsificazione della storia.

Ma i capitoli che seguono non sono diretti solo o in particolare ai tedeschi; presto ne usciranno edizioni in altre lingue per raggiungere tutte le nazioni in ugual modo. L'instaurazione di un

---

[1] "1848, Eredità e discolpa". Libro non tradotto in italiano. Titolo liberamente tradotto.

governo internazionale di stampo democratico è infatti l'unica via di uscita per i tedeschi e per le nazioni tutte per salvare le maggiori culture dal tramonto a cui minacciano di andare incontro e sostituire a tale devastazione un futuro di pace per la nostre generazione e per quelle a venire.

Chi rifiuta un governo democratico internazionale, sia inteso il termine democratico in opposizione ad autocratico, esponga la sua proposta migliore per evitare lo scoppio di guerre mondiali dominate dalle vecchie armi e da quelle nuove, più distruttive che mai.

Il libro che state leggendo è stato scritto negli Stati Uniti, a Princeton, N.J. ed è stato terminato nel mese di maggio del 1947. Le impressioni che ho colto da allora in Inghilterra, Olanda, Belgio, Francia e durate i sette mesi che ho trascorso in Germania non hanno avuto modo di confluire in questo volume, ma i concetti principali non ne sarebbero stati influenzati. Ciononostante mentre mi trovavo in Germania mi sono reso conto che parte di quanto descrivo nel libro corrisponde a una visione prettamente americana, in particolare la forma di governo internazionale a cui si fa riferimento si richiama alla costituzione americana. I tedeschi vorrebbero avanzare delle controproposte più orientate alla costituzione della Repubblica di Weimar. I democratici non vogliono imporre le proprie idee a nessuno: ognuno deve poter esprimersi affinché poi la maggioranza possa decidere. Non bisogna confondere le decisioni maggioritarie tipiche della democrazia con imposizioni dittatoriali. Laddove la minoranza si pieghi, ciò non avviene a causa di un'imposizione violenta, bensì in virtù di accordi precedentemente stilati. Ogni minoranza in democrazia ha comunque il diritto di esprimere la propria opinione e condurre una libera opposizione; può raccogliere attorno a sé numerosi adepti ed eventualmente trasformarsi essa stessa in maggioranza. La dittatura è il contrario di tutto questo, quindi è un errore di valutazione ritenere che la maggioranza sia una forma di dittatura. Argomentazioni altrettanto facilmente confutabili sul tema governo internazionale sono all'ordine del giorno, ma non bisogna denigrarle: è invece importante dare la possibilità a tutti di giungere alla verità tramite il dibattito orale. Lo stesso libro che tenete tra le mani è il frutto di innumerevoli dibattiti tra gli oppositori e i sostenitori dell'idea di un governo internazionale; è il risultato di riflessioni, discussioni e letture condotte dal 1941 e non vuole arrogarsi il diritto di avere l'ultima parola.

Mi riferisco a questo proposito tra le altre cose a due progressi a cui abbiamo assistito a manoscritto compiuto: la pubblicazione della Costituzione mondiale nella rivista Common Cause a Chicago e l'approntamento e progressiva accettazione del piano Usborn.

La Costituzione mondiale dei tredici professori riunitisi a Chicago si differenzia dalla ricostruzione di un governo internazionale proposta in questo libro in alcuni punti, soprattutto nella proposta di un superamento dei singoli governi nazionali a favore di un'unica camera eletta direttamente dal popolo. Certo questa sarebbe la via più facile per una pace duratura, se si potessero mettere a tacere immediatamente tutti i governi belligeranti come detterebbe il senso pratico, ma attualmente dobbiamo ancora fare i conti con i voti dei singoli governi e concedere loro le proprie camere e un senato internazionale come continuazione delle Nazioni Unite.

Mi sarebbe piaciuto accludere come appendice il piano Usborn in quanto meriterebbe di essere diffuso il più possibile. Da un lato mi auguro infatti che abbia quanto più successo possibile, ma dall'altro auspicherei a una revisione della proposta ultrademocratica di concedere a tutti il diritto di elettorato passivo, quindi anche agli autocrati, i militaristi, i bolscevichi, i terroristi, i fascisti, i nazisti, i nazionalisti e gli anarchici. Le ragioni per questa mia posizione sono illustrate al capitolo sette.

Solitamente si avanza l'idea che in un parlamento internazionale difficilmente simili minoranze sarebbero in grado di salire al potere, ma si dimentica in fretta che la Repubblica di Weimar cadde proprio per mano di una minoranza che fu in grado di abusare della libertà di parola e sembra che si sia dimenticato altrettanto in fretta quanto di simile solo pochi mesi fa è accaduto a Praga.

Tendenzialmente il piano Usborn è corretto. Mentre questo libro pone l'accento sullo stato finale che si dovrebbe raggiungere, il piano Usborn si occupa del primo stadio dell'intero percorso, ovvero la convocazione di un'assemblea di deputati internazionali che decidano i pasi successivi che dovrebbero portare alla creazione di una costituzione internazionale, di una legge internazionale provvisoria. La costituzione internazionale provvisoria dovrebbe essere strutturata in modo tale da poter portare all'evoluzione a partire dal suo interno di una costituzione internazionale duratura.

Gli ideatori dell'assemblea descritta non sono altro che i federalisti internazionali politicamente più maturi e consci della loro responsabilità provenienti da tutti i paesi democratici. In questo libro sono menzionati anche i temi di una "convention per una costituzione internazionale".

Per concludere vorrei scusarmi per la bibliografia incompleta. Soltanto durante il semestre che ho trascorso come ospite a Berlino ho avuto il tempo di redigerla, verificando tutti i più difficili riferimenti bibliotecari, pertanto mancano alcune fonti che avrei invece voluto includere. Ciononostante spero che sarà comunque uno strumento utile per qualcuno.

Paul Frankl
Leiden, Olanda
Giugno 1948

1. GUERRA E PACE

Ripercorrendo la storia dell'umanità ci accorgiamo che fin dagli albori questa non è stata che un susseguirsi di guerre e periodi di pace, tanto che verrebbe da chiedersi se la Storia ha avuto inizio con una guerra o meno.

Dal momento che non è stato possibile raccogliere testimonianze dirette dalla preistoria, gli storici hanno cercato di avere una risposta indiretta. Seguendo la teoria di Darwin, ci si potrebbe immaginare lo stato ancestrale dell'umanità come una perenne lotta di tutti contro tutti. La fantasia scientifica ha portato alla ricostruzione della difficile lotta per la sopravvivenza, nel corso della quale soltanto i temperamenti più bellicosi potevano avere la meglio e continuare ad esistere. La selezione naturale ha fatto sì che i vincitori altro non fossero che gli individui fisicamente più forti e psicologicamente più spietati.

Ma la lotta tra individui per la sopravvivenza non può essere considerata una vera e propria guerra. Nel mondo animale, la guerra intesa come scontro tra gruppi della stessa specie è un fenomeno piuttosto raro; a tal proposito si fa sempre lo stesso esempio di un'unica specie di formiche in cui si osservano lotte tra gruppi. Lo scontro tra individui di una stessa specie, così come lo scontro tra individui di due specie diverse, non viene ritenuto una forma di guerra. Quando i lupi cacciano gli agnelli non si parla di una guerra e sebbene i lupi siano predatori, non si è mai assistito a una guerra tra lupi stessi. Quindi anche se gli antenati degli uomini, gli ominidi, fossero stati predatori, le ipotesi zoologiche non rendono possibile stabilire l'inizio delle guerre con la loro apparizione. Che si neghi la teoria darwiniana o che la si sostenga, la questione della guerra resta un tema alieno al mondo della zoologia e si profila altresì come un tema esclusivo della storia dell'umanità. Dal momento che gli inizi della storia delle guerre risalgono all'antichità, si è creduto di poter evincere qualcosa al riguardo e di poter capire quali potessero essere le cause che in ogni tempo a seguire sono poi state alla base delle guerre attraverso lo studio dei popoli primitivi. Gli studi etnografici hanno rivelato che tra i gruppi primitivi non esistevano motivi scatenanti di eventuali guerre: non ci si batteva per conquistare terre, né per assicurarsi ricchezze e non aveva ragione di essere nemmeno alcun assoggettamento volto allo sfruttamento di forza lavoro. Con questo non si nega che gli individui lottassero per il cibo, gli attrezzi o le donne, ma simili eventi isolati e individuali, fossero solo lotte o omicidi, non rientrano ancora nella categoria di guerre. L'idea romantica di una condizione paradisiaca regge quando si parla di guerre, che erano infatti assenti, ma non per questo dobbiamo pensare che gli uomini primitivi fossero pacifici agnellini privi di qualsiasi istinto aggressivo. L'uomo per natura è infatti sì un animale da branco, ma è provvisto di un istinto bellico individuale, una caratteristica che mantiene invariata nel corso di tutta la Storia.

La costruzione dei primi utensili da caccia incoraggiò alcuni ad allontanarsi per cacciare da soli e fu così che da animale da branco l'uomo divenne progressivamente predatore, capace di affermarsi non grazie alle sue zanne o artigli, bensì come cacciatore, quindi attraverso appositi strumenti e con l'addestramento del cane.

In origine e per quanto ne sappiamo l'istinto pedatorio dell'uomo era diretto unicamente al mondo animale: anche se cacciatore, l'uomo faceva pur sempre parte di un branco, a cui tornava portando il bottino che veniva poi spartito dal capo brano secondo la legge primitiva. La vita si riduceva quindi a un mero lavoro fine a sé stesso fino alla sua conclusione. Chi associa l'idea del paradiso al paese della cuccagna deve quindi già essere giunto alla conclusione che questa lunga epoca primitiva dei raccoglitori e dei cacciatori fu tutt'altro che paradisiaca, sebbene pur sempre priva di guerre. Vi erano individui più forti e individui più deboli, nature aggressive e nature più pacifiche e senza dubbio ci saranno stati scontri tra individui aggressivi o attacchi ai danni dei più deboli, ma di certo non attacchi organizzati di alcuni ceppi contro altri, né tantomeno guerre civili.

Se questa versione moderna secondo cui la storia dell'umanità è stata inizialmente pacifica è corretta, sorge allora la domanda di come questo stato inziale sia stato ad un certo punto compromesso dallo scoppio di una guerra. A questo proposito esistono diverse ipotesi.

La storia di Caino e Abele è sì il resoconto di un fatto isolato di fratricidio, ma se la sia analizza da un punto di vista simbolico, proprio di questo genere di racconti, possiamo evincerne qualcosa di più perché è risaputo che Caino rappresenta il gruppo dei cacciatori e Abele quello degli agricoltori. La guerra sembra in effetti essere in origine scoppiata come attacco dei cacciatori ai danni degli agricoltori, partendo dal presupposto che l'agricoltura si profilò come attività nuova, contrastante e più giovane rispetto alla caccia. Gli storici delle antiche civiltà hanno stabilito che l'agricoltura iniziò a svilupparsi sulle rive di fiumi quali il Tigri e l'Eufrate, e quindi il Nilo, ovvero in territori le cui condizioni naturali lo resero possibile. I contadini della Mesopotamia divennero progressivamente ricchi e iniziarono a offrire i prodotti dell'agricoltura ai popoli delle montagne vicine che vivevano ancora di caccia in cambio di metalli e utensili in metallo. Questi scambi commerciali pacifici furono interrotti dalla decisione delle popolazioni delle montagne di spostarsi nei bassipiani e utilizzare le proprie armi mortali contro gli uomini, anziché contro gli animali, per appropriarsi delle conoscenze e dell'esperienza dei contadini con la violenza. I contadini, costretti a difendersi in quanto gruppo attaccato da un altro gruppo, formarono una casta di cosiddetti difensori, il cui capo si guadagnò progressivamente l'onore di diventare il re dell'intera comunità.

Al Louvre di Parigi è conservata una stele che celebra la vittoria di Naram Sin, re degli Accadi. Si tratta di una rappresentazione incredibilmente efficace che descrive la salita di uomini armati sulle montagne e la distruzione dei nemici ai piedi di un monte a forma di cono ad opera del re, una figura notevolmente più grande rispetto a tutte le altre. Sopra la montagna sono raffigurate due stelle, simbolo della dea della guerra Ishtar o Astarte. A quell'epoca quindi la guerra era un'istituzione riconosciuta e strettamente legata al culto dello stato. Il fatto che la divinità della guerra fosse femminile è legato alla storia antica e precedente a quella delle guerre e getta le sue radici nel matriarcato. Alle spalle del re, che reca un arco e una faretra per le frecce, si profilano un lanciere e due stendardieri (presumibilmente recanti simboli divini) e infine i soldati, di cui anche le ultime fila recano lance e archi, ma non meno importanti sono le due figure maschili munite di correggiati: se quest'interpretazione è corretta, questa rappresentazione conferma la teoria che il vittorioso popolo dei Sumeri fosse un popolo di agricoltori.

La stele della vittoria risale circa al 2800 a.C., ma esistono frammenti di un monumento celebrativo della storia sumera ancora più antico risalente al 3000 a.C. circa, la stele degli avvoltoi di Lagash. Le origini delle guerre organizzate possono quindi essere fatte risalire al quarto millennio a.C. La stele del re Naram Sin può essere considerata una conferma del fatto che le guerre tra agricoltori e cacciatori fossero all'epoca un evento comune. Se già prima fossero scoppiati eventi bellicosi tra gruppi di cacciatori è una domanda a cui non possiamo dare risposta.

Non fu quindi il fatto che in una comunità vivessero a stretto contatto tra loro temperamenti aggressivi e miti ad aver causato presto o tardi lo scoppio di una guerra, sebbene questo possa essere stato un ingrediente psicologico attivo; fu invece la vera e propria divisione sociale tra cacciatori e agricoltori la vera causa, nonché la conseguente creazione della casta dei guerrieri. È stata infatti l'organizzazione militare ad aver portato successivamente alla fondazione dello stato. Da allora non è stato che un susseguirsi di guerre fino ai tempi nostri.

Gli intervalli di tempo che intercorrono tra una guerra e l'altra sono chiamati periodi di pace. Le due classi psicologiche dell'umanità, i bellicosi e i pacifici, si distinguono tra loro perché i primi si sentono a proprio agio in guerra, mentre i secondi al contrario vivono meglio nei periodi di pace. Gli individui pacifici lasciarono ai bellicosi il compito di difendere l'intera comunità dagli attacchi esterni, di attaccare i vicini o di fare entrambe le cose mentre il resto della comunità si spostava. Come diretta conseguenza, il numero dei guerrieri all'interno di un popolo si trovò ad essere via via in maggioranza. La guerra ebbe diverse conseguenze, tra cui la schiavitù, l'accumulo di ricchezze, la realizzazione forzata dei desideri e delle idee personali dei re e molte altre ancora, ragione per cui può essere avanzata la tesi che la guerra sia la madre di ogni cosa, ovvero la madre della civiltà e della cultura.

Finché la guerra rimase fondamentalmente uno scontro organizzato tra guerrieri di diversi popoli, le altre caste potevano soffrire per i pesanti danni diretti o indiretti di cui erano vittime, ma, soprattutto se poi si trovavano dalla parte dei vincitori, potevano anch'esse godere di ingenti benefici, tanto che la guerra diventava un affare di interesse dell'intero popolo. Senza approfondire in questa sede le infinite sfumature che distinguono le guerre dinastiche da quelle religiose, commerciali o di altro tipo, è un fatto universalmente riconosciuto che la guerra in sé, pur accompagnata dalle crudeltà ripetute, iniziò ad essere considerata un male necessario per i vantaggi che poi portava o prometteva. Quando i vantaggi dei vincitori si trasformarono in privilegi riservati a pochi eletti che altro non erano che le famiglie dominanti, deve aver avuto inizio una forma di opposizione all'istituzione della guerra: i pacifici devono aver iniziato una propria guerra contro la guerra, uno scontro privo di armi materiali, ma basato su ragioni spirituali.

Ritorneremo in seguito per approfondire questa corrente moderna che possiamo chiamare pacifismo (in senso stretto). Terminiamo quindi qui questa breve panoramica sulla storia della guerra, lasciando alla curiosità del singolo la possibilità di approfondire gli infiniti dettagli illustrati nella letteratura storica. Al centro del nostro interesse resta infatti la questione generale della guerra e della pace, e non vogliamo occuparci di specifiche guerre, trattati di pace o periodi di pace. Questi ultimi, legati in passato ad eventi come l'attesa della primavera, la raccolta di scorte belliche, la preparazione delle truppe nonché l'accumulo del denaro necessario, tutte necessità che garantivano la durata della pace, sono oggi determinati dalla necessità di attendere che le generazioni sterminate siano via via sostituite da nuove schiere di ventenni pronti all'impiego.

La lunga epoca di cinque – seimila anni in cui si sono avvicendate guerra e pace, o meglio guerra e interruzione della stessa, ha raggiunto oggigiorno il suo apice e la questione si è evoluta diventando un problema di alternativa tra guerra o pace, dal momento che il perfezionamento delle armi ha fatto sì che la guerra non sia più di vantaggio per nessuno, nemmeno a lungo termine.

Le masse si stanno progressivamente rendendo conto di questo. Quando la seconda guerra mondiale si è conclusa con lo scoppio delle bombe atomiche a Hiroshima e Nagasaki si è propagata un'ondata di gioia tra gli stati vincitori; gli stati neutrali hanno tirato un sospiro di sollievo e persino i vinti, nonostante la distruzione, la delusione e l'incredulità di fronte a tale fatto decisivo, si sono sentiti finalmente sollevati dalla liberazione della quotidiana paura della morte. Vittime dell'incorreggibile percezione propria dell'uomo, tutti credevano infatti che la fine della guerra avrebbe comportato semplicemente l'arrivo della pace, ma dimenticavano, o al momento preferivano non pensare al fatto che la parola pace ha di per sé due connotazioni, potendosi riferire a una mera interruzione temporanea della guerra, oppure alla fine duratura della stessa. Va comunque sottolineato che la situazione questa volta appariva differente, in quanto la capitolazione incondizionata dell'aggressore, parallelamente alla creazione della carta di San Francisco, sembravano porre la parola fine all'epoca di avvicendamento tra tempi di pace e tempi di guerra e promettere l'avvento di una pace duratura.

La disillusione emerse presto. Molti avevano correttamente previsto che la solida unità tra gli Alleati sarebbe venuta meno alla scomparsa di un nemico comune. Si scoprì presto che il sogno di un mondo solo stava svanendo di fronte alla realtà dell'esistenza di almeno due mondi. Anziché unità, emersero ovunque contrasti; le cosiddette Nazioni "Unite" iniziarono a tenere i primi incontri in cui si intuì presto che l'esercizio del diritto di veto all'interno del Consiglio di sicurezza, così come gli scontri verbali sul controllo dell'arma atomica ecc. nascondevano in realtà tensioni più profonde. Iniziò quindi a profilarsi agli occhi di tutti la minaccia di una nuova guerra mondiale e i militari, fedeli al pensiero della vecchia scuola che continuava a ripetere lo stesso errore, insistettero sulla necessità di continuare ad armarsi al fine di garantire la sicurezza del paese. La stessa cecità politica che portò a sganciare le bombe atomiche contro gli avvertimenti della maggior parte dei fisici coinvolti rese e rende tuttora i militari e alcuni politici ciechi di fronte alla semplice realtà che la sicurezza di un paese diminuisce all'aumentare degli armamenti dello stesso in quanto comporta una giustificata diffidenza, una conseguente corsa agli armamenti, ancora maggiore diffidenza reciproca e infine la paura che l'altro potrebbe attaccare per primo. All'aumentare della "sicurezza" militare, aumenta quindi l'insicurezza politica. Non sono solo i veterani di ritorno dalla guerra, che hanno vissuto in prima persona la miseria del secondo conflitto mondiale e ne hanno abbastanza, a protestare in misura più o meno incisiva contro lo stato attuale della corsa agli armamenti secondo i vecchi fatali dettami, ma anche ampie cerchie di giudiziosi che hanno vissuto la guerra solo sotto forma di notizie evinte dai quotidiani e razionamenti alimentari.

Alcuni ritengono fondamentale punire i colpevoli, sperando in tal modo di scongiurare in futuro l'azione nefasta di aggressori e criminali mondiali. In fondo il furto e l'assassinio sono crimini che già da duemila anni vengono perseguiti. Ma sebbene sia corretto pensare che in assenza di una punizione i crimini aumenterebbero, è pur vero che vi sono sempre innumerevoli individui indifferenti alla minaccia di una pena, pertanto è necessario affrontare il problema in modo differente.

Non è possibile isolare singoli individui a cui imputare la responsabilità dello scoppio di una guerra. Questi ultimi si sentono anzi il più delle volte tragici eroi innocenti che hanno agito a buon diritto e per il bene della comunità, imprigionati in una complicata ragnatela di forze determinate dal passato e dal presente. Chiunque si trovi a dover ricoprire una carica che comporti un determinato potere decisionale all'interno di una simile ragnatela viene ad assumere lo spiacevole ruolo di responsabile dell'intera rete. E i risultati peggiori si ottengono quando queste persone mancano della necessaria leadership.

Responsabile della guerra non è mai però il singolo individuo, bensì l'istituzione della guerra stessa, ovvero quell'ingranaggio impersonale di uffici e cariche militari, all'interno del quale ognuno, qualsiasi sia il posto ricoperto, serve l'apparato adoperandosi per migliorare e completare lo stesso. Non si parla in questo caso solo delle caste superiori dei signori della guerra e dei generali. Chiunque, preso dal senso del dovere, dimentica di mettere in discussione il valore dell'istituzione e impartisce ordini o obbedisce agli stessi in qualità di soldato e fedele patriota, convinto che la guerra in sé sia una necessità. Da millenni la maggior parte dei popoli considera la guerra come il più nobile dei doveri nonché un onore riservato agli uomini maturi. La guerra ha sempre avuto anche un lato produttivo e anche se non percepita come "madre di ogni cosa", è innegabile che essa sia stata comunque la madre di alcuni fondamentali progressi. È comprensibile che i soldati di ogni rango non critichino l'esercito. Coloro che vi servono diventano parte integrante e cieca dell'ingranaggio, ma è chi ne rimane mentalmente fuori che sviluppa quell'oggettività necessaria a giudicare l'apparato.

Cosa dire allora di quei politici e delle autorità che non fanno parte dell'apparato militare, ma decidono delle sorti della guerra e della pace? Non sono forse loro ad avere voce in capitolo, esterni alla forza militare proprio come le masse? Non spetta forse ai nostri governi, ai capi di stato, ai diplomatici, agli esperti di diritto pubblico, alle Nazioni Unite soprattutto il compito di trovare il modo per uscire dal ciclo ritmico che vede l'avvicendarsi di guerra, pace e poi ancora guerra e ancora pace? Si sono resi conto tanto quanto noi che ormai la guerra non porta a nulla. Nessuno ci guadagna niente, tutti hanno tutto da perdere. In passato si poteva almeno credere e sperare che la guerra avrebbe annientato il nemico, ma oggi sappiamo che distrugge nemici e alleati allo stesso modo. La guerra porta alla distruzione di sé stessa, con lo spiacevole dettaglio che noi tutti verremmo distrutti nel processo. Nessuno pensa alle conseguenze, come ben rappresentato dalla vicenda del leggendario esploratore del diciannovesimo secolo che voleva arrivare sempre più in alto con la sua mongolfiera, ma dopo essersi disfatto di ogni peso scoppiò egli stesso. Non potrebbero le Nazioni Unite essere un po' più lungimiranti e riconoscere che la mongolfiera, o nel loro caso l'apparato dell'esercito, non può essere fine a sé stesso?

Perché, al di là dei tradizionali timori, si riesce ancora a dubitare delle capacità dei governi riuniti oggi all'interno delle Nazioni Unite? Non si può negare che gli uomini e le donne che da Dumbarton Oaks e San Francisco hanno lavorato alla costruzione della pace sotto gli occhi del pubblico e che oggi lavorano nell'"Organizzazione delle Nazioni Unite" stanno mettendo tutto il loro impegno nell'opera e che sono dotati di ingegno, oggettività, coraggio e presenza di spirito. Chi muove loro critiche non può pensare di essere in grado di svolgere l'incarico meglio di loro. Ma infatti nessuno critica le persone, che godono del rispetto universale; quello che critichiamo è piuttosto l'istituzione. Lo stesso concetto che vale per l'apparato militare, ovvero che chiunque ne faccia parte diventa un elemento dell'ingranaggio, può essere applicato all'istituzione politica. I diplomatici di vecchio stampo rimangono fedeli alle loro tecniche e sono convinti che ancora una volta non si assisterà ad altro che alla virtuosa realizzazione di vecchie ricette. Può succedere che un conducente, sebbene di eccellente formazione, sbagli perché il mezzo che guida non è buono o perché a bordo sale la persona sbagliata. Gli uomini che sono alla guida delle "Nazioni Unite" lo sanno bene. Lamentano il fatto che al momento non è stato possibile costruire una macchina migliore della Carta di San Francisco, che non vi è che questa a disposizione sebbene comporti la presenza di oltre cinquanta timonieri allo stesso timone. Sanno anche che non dispongono di veri e propri freni per opporsi all'eventuale conducente che dovesse dominare, se questo fosse uno dei più forti e che quando ci si troverà di fronte a una salita l'incidente sarà inevitabile. Il diritto di veto può essere considerato una sorta di freno che però può essere impiegato solo di fronte a una salita. Dobbiamo quindi più che altro modernizzare la macchina, impegnarci per ridurre il numero dei conducenti fino ad averne anche soltanto uno, che però non faccia parte della casta militare, se vogliamo raggiungere una pace duratura.

Non si può biasimare noi semplici cittadini se vogliamo saperne di più di questi eventi. Anche noi infatti sediamo a bordo di questa macchina, anzi siamo i passeggeri per cui la macchina stessa esiste. La nostra oggettività deriva dal fatto che non ci troviamo al volante e non possiamo che assistere con orrore alla marcia verso l'abisso dei nostri conducenti, causata non certo dai loro errori, ma dalla lacunosa struttura della macchina stessa. Eppure esistono anche personaggi credibili che si identificano con i conducenti e con la macchina intera, che predicano di avere fiducia nel buon esito degli eventi, che sostengono che non è necessaria alcuna appendice alla Carta e che è solo questione di tempo perché la macchina deve fare una sorta di rodaggio a cui dobbiamo assistere con pazienza senza criticarne eccessivamente lo sviluppo. Questa disposizione è dilagata in America ai tempi di San Francisco, quando si diffuse la paura che il popolo non avrebbe mostrato alcuna comprensione, così come avvenne ai tempi di Woodrow Wilson, e che come conseguenza un gruppo di senatori reazionari avrebbe sabotato l'opera di pace come fu con la Società delle Nazioni. Questo pericolo oggigiorno non ha ragione di profilarsi quindi è altrettanto irragionevole ancorarsi al progressismo del 1919, dato che nel 1947 tale non è più. I conservatori tanto quanto i progressisti sono fermi nella loro volontà di impedire lo scoppio di una terza guerra mondiale.

Molti ricercano le principali cause che portano alla guerra e alcuni ritengono di riconoscere tali cause nella sovranità degli stati. Ed è qui che le opinioni dei progressisti divergono da quelle dei conservatori. La Carta di San Francisco si basa ancora sulla garanzia che ogni stato debba mantenere la propria tradizionale sovranità. Dobbiamo qui fare una differenza: la critica all'idea della sovranità non si rivolge a singole persone o a un governo in particolare, bensì a un pensiero ereditato da secoli di storia che è stato fatto fondamento della Carta; è una critica rivolta quindi al modo in cui sono strutturate le Nazioni Unite e culmina nella convinzione che, nonostante la buona volontà delle persone coinvolte, queste non sarebbero in grado di impedire lo scoppio di una guerra qualora questa dovesse essere iniziata da una delle grandi potenze.

Si tratta del solito pessimismo di chi predice la disfatta affinché nessuno possa poi in un secondo momento rinfacciare loro di essere stati ottimisti fuori dalla realtà? No, perché questi critici non vedono con pessimismo la possibilità di prevenire una guerra, bensì l'idea che questa possa essere prevenuta da un'istituzione ancora ancorata all'idea di sovranità degli stati, o meglio dei governi; essi vedono quindi con pessimismo la Carta di San Francisco così come è strutturata ora, ma considerano con ottimismo un'eventuale revisione o rifacimento della stessa. È comunque meglio lasciare da parte le parole ottimismo e pessimismo per parlare invece di critica costruttiva o produttiva. La Carta di San Francisco è stata un eccellente passo in avanti, ma non l'ultimo. I costruttivi rifiutano l'idea di rimanere per sempre ancorati ad essa.

La proposta di questa cerchia di persone è di fatto allo stesso tempo una revisione e una riformulazione; si intende mantenere intatto quanto può essere utile per non dover iniziare dal principio, inserire alcune parti della vecchia versione in un nuovo sistema e introdurne di nuove laddove sia necessario. La nuova versione dovrebbe partire dagli stati storicamente esistenti per riunirli in un unico corpo o sistema; dovrebbe proporre un governo internazionale democratico nell'ambito del quale i singoli stati possano mantenere e coltivare il proprio carattere nazionale entro i limiti del rispetto della comunità, ovvero fintantoché questo non minacci la pace. L'idea di un governo internazionale è piuttosto antica, ma raccoglie oggi nuovi adepti che la considerano come unica via di uscita dal pericolo del declino. Altre cerchie invece si allontanano dalla prospettiva di un cambiamento tanto radicale e intendono provare ancora una volta con il vecchio metodo delle alleanze e dei trattati tra stati sovrani ognuno dei quali rimane giudice e garante di sé stesso. Chi intende convincere queste cerchie conservative dell'inutilità di riprovare ancora una volta con una ricetta che non ha mai funzionato, che ha anzi lasciato il paziente in fin di vita, deve darsi da fare per strutturare la propria innovativa ricetta, mai provata prima, in modo tale da raccogliere la massima adesione. Oggigiorno non è più sufficiente sostenere che sia necessario un nuovo governo internazionale che rinunci alla sovranità come finora è stata concepita per favorire un tipo di sovranità più limitata. Il concetto ci è chiaro grazie al libro di Emery Reves. Quello che dobbiamo fare è spingerci oltre per poter delineare almeno generalmente come questo nuovo governo internazionale deve strutturarsi; dobbiamo poter mostrare la via d'uscita dalla dubbiosa situazione odierna che vede le Nazioni Unite soffocate da un'aria pregna di tensione bellica.

Le cerchie che non riescono ad accettare l'idea di allontanarsi dalla centralità della sovranità nazionale forse non comprendono completamente cosa si intende con questo allontanamento. Non si vuole infatti prendere le distanze dal concetto intero di sovranità, bensì rinunciare solo a quella parte che permette agli stati di decidere di scatenare un conflitto: si tratta in poche parole di quanto sancito dal patto Briand Kellog del 1928. Non vi è nulla di più evidente di una tautologia e il fatto che la sovranità di poter condurre una guerra è di per sé la causa dello scoppio di una guerra è una vera e propria tautologia. Se vogliamo che qualcuno spari, non dobbiamo fare altro che mettere una pistola tra le sue mani, ma se non vogliamo che spari cosa dobbiamo fare? Non dovremmo forse togliere l'arma dalle sue mani? Non è forse il disarmo il mezzo migliore per mantenere uno stato lontano dalla guerra? Ma come possiamo immaginare di affrontare un disarmo se siamo gli unici a farlo? Come possiamo convincere anche gli altri a fare questa scelta? Sappiamo poi che oggigiorno riarmarsi è estremamente veloce. Basti pensare a quanto avvenuto in Germania: lo stato, disarmato nel 1918, è stato in grado di riaffacciarsi con armi nuove e migliori nel 1933. I fisici prevedono già che sarà possibile costruire bombe atomiche in segreto eludendo qualsiasi controllo ufficiale. Se vogliamo davvero che nessuno possa passare nuovamente all'attacco non dobbiamo fare affidamento sul disarmo materiale, troppe volte intentato, bensì su quello psicologico.

Con disarmo psicologico non si intende un pacifismo basato sulla trasformazione dei lupi al fine di rieducarli come agnelli. Il problema è duplice: da un lato vi è la psicologia individuale, dall'altro l'organizzazione generale. Il primo può essere trattato dalla pedagogia politica, il secondo dall'istituzione politica. Non è certo possibile trasformare ogni uomo in un vero cristiano, ma attraverso l'educazione è possibile placare lo spirito avventuriero e la ricerca della fama per favorire al loro posto lo sviluppo di valori più elevati, e attraverso le leggi è possibile tenere lontani dal governo gli irriducibili. Lo stato ha oggigiorno ragione di esistere solo fintantoché riesce a creare l'ambiente adatto perché germoglino la voglia di creare nonché la capacità creativa dell'individuo. Sono proprio i concetti di individuo e stato quelli su cui si basa la differenza tra pedagogia individuale e istituzione impersonale. Le persone pacifiche vogliono educare tutti gli individui a esseri pacifici per creare uno stato pacifico a partire dal loro interno, dal loro cuore; i bellicosi vogliono fare di ogni persona un soldato per creare uno stato di guerrieri che conquisti il mondo. A titolo di paragone si è parlato del contrasto tra Atene e Sparta, tra Weimar e Potsdam. Entrambi i metodi sono irrealizzabili: da un lato non è possibile fare unicamente affidamento sui cuori delle persone, dall'altro non è altrettanto possibile trasformare ogni individuo in un animato soldato. Quello che si può fare è però creare leggi che proteggano gli individui pacifici da quelli bellicosi, nonché i bellicosi dagli spiriti a loro simili, e questo non solo a livello interstatale, ma all'interno di ogni comunità.

Tutti i maggiori stati oggi esistenti sono stati bellicosi chiamati a titolo d'onore "nazioni pacifiche". Ovunque la maggior parte della popolazione ama la pace, ma l'apparato bellico non chiede mai se il singolo soldato è aggressivo o pacifico per natura: al soldato viene solo chiesto di uccidere persone a lui sconosciute, che non gli hanno fatto niente e che potrebbero essere state amiche se solo le avesse conosciute. La fraternizzazione dopo la vittoria era solo una beffa mentre dilagava la follia omicida inculcata o coatta. Quando la guerra finisce e tanto i vincitori quanto i vinti si rendono conto dei danni che hanno causato, inizia a farsi spazio nella mente di entrambi una domanda: non è forse la guerra un'enorme, tradizionale idiozia di massa? Un'ondata di profondo disprezzo dilaga in coloro che non riescono più a vedere nella guerra nulla di nobile o positivo. Non è altro che qualcosa che distrugge i valori, che non ha valori. Molti hanno predicato il contrario, ma nessuno ci crede più. Il popolo inizia a chiedersi a che pro tutta questa distruzione, perché non invece una produzione? Perché gli uni contro gli altri anziché gli uni con gli altri? Perché vivere nella negatività anziché nella positività? Una domanda dopo l'altra finché non rimane altro che confusione.

Non serve a nulla tacciare la guerra come un'idiozia se poi non siamo sufficientemente intelligenti da sostituire ad essa una pace duratura. Lo siamo? La situazione odierna ruota intorno a questa domanda. Aneliamo a un pensiero costruttivo, a risposte a queste catene di impellenti domande, a soluzioni da trovare prima che possa abbattersi una nuova catastrofe su di noi. In ogni risposta cerchiamo dal profondo qualcosa che esalti il valore della vita.

2. I GOVERNI NAZIONALI

La guerra coinvolge tanto il popolo quanto il suo governo. I governi dichiarano le guerre e sono poi i popoli a doverle combattere impegnando beni, salute e la vita. I governi nel loro insieme sono responsabili del fatto che i propri piani, obiettivi, negoziati e mosse portino infine all'attacco da parte di uno di essi, mentre i popoli sono corresponsabili in quanto eleggono il proprio governo o obbediscono ciecamente a un governo di tipo autocratico. È indifferente stabilire in questa sede su chi ricada di volta in volta la colpa, se sul governo o sul popolo o su un particolare governo o un particolare popolo nella fattispecie; la principale responsabilità è in pratica dei governi che sono tra loro interdipendenti in una panoramica generale che vede i governi più pacifici travolti dagli aggressori. Nel tentativo di difendersi, i governi pacifici non possono fare altro che accettare la guerra. I governi giustificano la corsa agli armamenti e le guerre stesse avanzando la scusa di essere responsabili della sicurezza del paese e di non aver altro mezzo per proteggerlo, adducendo al contempo di essere all'opera per la realizzazione di soluzioni alternative che risolvano questo circolo vizioso di guerre e periodi di pace. I governi dichiarano di aver sostituito la diplomazia segreta con negoziati pubblici affinché chiunque possa seguire i sinceri sforzi fatti. Ammesso che essi vogliano la pace. Ma sono anche in grado di creare una situazione di pace duratura? E ci chiediamo anche al proposito, al fine di scongiurare malintesi successivi, sono in grado di farlo da soli? Per poter rispondere a questo quesito dobbiamo comprendere l'istituzione governativa in sé partendo dalle sue basi.

La parola stato ha più di un significato; in questa sede la useremo in qualità di ordinamento giuridico che impegna giuridicamente alcuni individui. Le persone sono al contempo prodotti della natura ed esseri dotati di una mente. Lo stato è un'istituzione creata dalla mente, un ordinamento sociale basato sulla riflessione, la previsione e la responsabilità. Dal momento che lo stato non è un prodotto naturale, non può essere oggetto di studi da parte delle scienze naturali. L'antropologo studia l'uomo come prodotto della natura, mentre l'esperto di scienze politiche lo studia come cittadino di uno stato, pertanto il primo si basa sulle leggi della natura, il secondo sulle leggi sociali. Certo lo stato si occupa anche dell'individuo in quanto prodotto della natura, ad esempio quando emana leggi sulla sanità, ma anche in questo caso la differenza è netta: la salute e le malattie sono parte del regno naturale e sono dominate dalle leggi della natura, ma le disposizioni per combattere un determinato morbo o promuovere la salute sono frutto dell'intervento studiato dell'uomo.

I concetti generali e astratti di ordinamento giuridico e stato sovrano sono messi a confronto con i singoli stati concreti che si differenziano gli uni dagli altri sulla base delle diverse leggi che adottano, a loro volta definite da diverse circostanze storiche. Ognuno di questi ordinamenti giuridici è governato da persone preposte a questo compito e vincola tutti coloro che abitano un determinato circondario geografico, per libera scelta o per obbligo. La legge con i suoi limiti di validità altro non è che una disposizione generica che si dirige però alle singole persone e necessita quindi di un guardiano. La figura più importante dello stato, la prima potestas, è il "sovrano", incarnato nella persona del principe o del presidente; il sovrano, accompagnato dai suoi ministri, incarna la sovranità della legge e si propone come garanzia e guardiano della stessa. Questo mutevole concetto di sovranità cela al suo interno un altro concetto, ovvero il fatto che esiste una certa libertà di decidere cosa sia considerato legge o meno.

Tutti gli ordinamenti dei vari stati sono accomunati nelle loro diversità dall'idea che ci debba essere qualcuno a cui è riservata la facoltà decisionale di stabilire cosa sia legge. Secondo questa versione, ogni singolo stato diventa uno stato sovrano. Senza la sovranità, lo stato perde le basi su cui poggia il proprio ordinamento giuridico per crollare su sé stesso. Questo avviene in due casi: il primo caso si ha quando tutti o alcuni cittadini di uno stato mettono in questione la sovranità del proprio governo arrogandosene il diritto; in questo caso si parla di rivoluzione o guerra civile con la conseguente creazione di un nuovo ordinamento e una nuova sovranità. Il secondo caso si ha quando un altro stato attacca e quindi dichiara guerra allo stato e al suo ordinamento che, in caso di vittoria del primo, viene distrutto e sostituito da un ordinamento nuovo a cui i cittadini dovranno sottostare. Il primo caso non può essere discusso più di tanto, dal momento che ogni popolo ha il diritto di definire le proprie leggi e condurre guerre civili. Il secondo caso invece è dibattuto: nessuno stato ha infatti la sovranità di imporsi su altri stati sovrani. La sovranità assoluta finisce laddove iniziano i confini di un altro stato e ogni stato riconosce la sovranità dell'altro all'interno dei confini di quest'ultimo. Alcuni esperti di diritto pubblico forniscono un'interpretazione di questo problema differenziando tra il concetto di sovranità interna ed esterna. La sovranità interna è quella esercitata dal governo nei confronti dei propri cittadini, mentre la sovranità esterna è quella esercitata nei confronti degli altri governi e relativi cittadini. Quest'ultima si basa sui trattati e sull'effettivo riconoscimento tra stati e scompare di fronte al mancato rispetto di un determinato trattato, momento in cui si rivela essere un'illusione. Perché che valore può mai avere la libera definizione di un ordinamento giuridico se essa poi deve dipendere dall'effettivo o mancato riconoscimento da parte del vicino, senza che vi sia alcun tribunale superiore in grado di ergersi a sua tutela? La sovranità esterna non è quindi altro che il diritto a estrarre la spada per sferrare un attacco o difendersi da esso. Il termine sovranità diventa quindi l'espressione più nobile per dire potere. I governi non vogliono decidersi una volta per tutte a sottoporsi alla legge e al controllo di un tribunale superiore in quanto questo sarebbe in contrasto con il loro orgoglio e con la possibilità di decidere autonomamente e attraverso la propria influenza cosa sia giusto o sbagliato.

Con questa riflessione ci avviciniamo alla nostra domanda se i governi nazionali possono essere in grado di garantire una pace duratura. Con un po' di buona volontà già oggi essi possono prolungare il periodo di pace grazie ai mezzi diplomatici di cui dispongono nonché grazie ai metodi delle Nazioni Unite. Considerando le conseguenze della seconda guerra mondiale, i governi sanno che non è ora possibile inculcare nei popoli alcun entusiasmo bellico. L'interruzione della guerra è quindi un fatto sicuro per i prossimi anni, siano essi cinque o dieci o, come sostengono gli ottimisti, venticinque. È chiaramente nostro grande interesse che questo periodo di interruzione sia prolungato per il maggior tempo possibile e riponiamo le nostre speranze al proposito nelle Nazioni Unite. Ma la nostra preoccupazione non è sapere per quanto i governi saranno in grado di garantire questo stato delle cose, bensì sapere se lo possono fare per sempre.

La risposta che possiamo dare a questa domanda è un no categorico. Lo ripetiamo: non sono in grado di farlo da soli, senza il sostegno della popolazione. Se formuliamo la domanda in modo diverso, ovvero sono in grado i governi di promuovere una pace duratura con l'aiuto della popolazione, cioè dell'uomo comune, allora la risposta è un sì categorico. Tutto dipende quindi dalla capacità di unire le due cose.

Prima di parlare di popolazione, di chi faccia parte di essa e di come popolazione e governo possano collaborare tra loro dobbiamo convincere le persone che dai governi di per sé non è possibile aspettarsi una pace duratura e perché sia così, nonostante la buona volontà che essi possano dimostrare.

Innanzitutto dobbiamo ricordarci che la parola stato ha un significato generale e uno specifico, ovvero uno astratto e uno concreto. Abbiamo visto che solo in presenza dei numerosi stati concreti come gli Stati Uniti d'America, l'Inghilterra, la Francia, la Russia, la Cina, il Lussemburgo ecc. si può parlare di quella che abbiamo definito sovranità esterna. Nel concetto astratto di sovranità assoluta, la sovranità esterna scompare perché lo stato di per sé come ordinamento giuridico per eccellenza è un concetto chiuso in sé stesso senza un esterno. Se si obietta che con il concetto generale di stato si vuole comunque intendere tutte le sue possibili varianti esistenti o meno, allora stiamo assistendo alla sostituzione del concetto generale di stato assoluto con il concetto pur sempre astratto di stato in particolare. È una sostituzione che si può fare in qualsiasi momento, senza però cadere nell'errore di credere che questo determinato stato generico possa essere collegato con il concetto di sovranità esterna. È proprio quest'errore che confonde il giudizio. Ogni singolo stato concreto desidera il riconoscimento universale del proprio ordinamento giuridico, ovvero una sovranità universale: si comporta quindi come se fosse lo stato per eccellenza per il quale non esiste una sovranità esterna e per il quale anzi la sua sovranità è universale, quindi interna. Se la sovranità di Danzica fosse stata universale, nessuno avrebbe potuto metterla in dubbio. Ma essa non era universale, come non lo sono la sovranità della Germania o della Polonia. Solo uno stato globale potrebbe avere un tale tipo di sovranità, una sovranità esclusivamente interna dal momento che non ne esisterebbero di esterne per il semplice fatto che non esisterebbe un secondo stato esterno ad esso.

Il tema potrebbe illuminare alcune menti, e comunque portare con sé un'obiezione: se a ogni stato viene lasciata la sovranità di dichiarare una guerra, allora significa che ogni stato ha anche la sovranità di mantenere la pace. La pace dipende dopotutto dalla buona volontà dei singoli stati, dalla convinzione (egoistica) di ciascuno di essi che la guerra oggi non porta alcun vantaggio o che i pochi vantaggi garantiti sono di gran lunga inferiori agli svantaggi. Perché allora non dovrebbero usare questa loro sovranità per preservare la pace? Perché credere che i governi non siano in grado per principio di garantire la pace?

Quest'obiezione dimentica che per ogni governo nazionale il concetto di vantaggio non è universale, ma indica solo il momentaneo vantaggio proprio della classe attualmente al potere. Il governo è rappresentante dei propri cittadini e per sua costituzione ha il compito di difendere il paese, anche da pericoli solo supposti, nonché promuovere gli interessi economici e politici del proprio paese, anche se non compresi. Essi pensano quindi unicamente al mantenimento e all'accrescimento del proprio potere, senza alcun rispetto per quanto può essere bene per gli altri; sono anzi pronti a sacrificare il bene degli altri stati pur sapendo che il benessere di uno stato dipende in fondo dal benessere degli altri stati. Non dimentichiamo infatti che lo stato fin dai suoi esordi antecedenti al 4000 a. C. è stato creato dalla casta militare e che è quindi lì appositamente per combattere contro altri stati guerrieri.

La sovranità esterna potrà quindi essere un'illusione, ma la pretesa che tale illusione sia riconosciuta attraverso l'uso delle armi è una realtà storica. Il conseguimento coatto di questa realtà è definito realpolitik. Chi non fa parte della casta politica definisce la realpolitik come il mantenimento violento dell'illusione della sovranità esterna. A questo proposito differenziamo la pseudo realpolitik di vecchio stile dall'effettiva realpolitik di nuovo stampo che molti nella loro cecità screditano come idealismo propagandato da deboli che non vivono nella realtà. La ragione per cui i governi non sono in grado di garantire la pace duratura è che sono ancora invischiati nell'idea della pseudo realpolitik che, sebbene arrivata ora agli sgoccioli, è stata parte dell'essenza dei governi stessi da seimila anni. È difficile quindi ora per i governi operare una trasformazione per allinearsi con la nuova epoca ed è per questo che preferiscono invece continuare a esercitare la loro sovranità di armarsi e, animati dai consigli dei militari, estendere il proprio controllo sulle zone della terra definite strategiche, assicurarsi il monopolio del petrolio, della gomma, dell'uranio e di altre simili materie prime necessarie per la guerra moderna. Non si allontanano dalla strada conosciuta della politica del potere e della sicurezza militare basate o coincidenti con l'idea di sovranità esterna. Fintantoché esisterà la sovranità di avere un esercito e condurre guerre, ci saranno le guerre. La buona volontà di singoli governi non serve a nulla di fronte all'esistenza o alla possibile creazione di governi forti con cattive intenzioni se queste cattive intenzioni, celate dietro al concetto di sovranità esterna, fanno parte dell'essenza del governo stesso. Questa generale struttura politica si basa di per sé sull'idea della divisione anziché su quella dell'unità. È possibile che i singoli governi sottolineino la loro volontà di garantire la pace perché esausti per la lunga guerra che hanno dovuto affrontare, rinsaviti e spiacenti per il sacrificio di uomini e beni; è possibile che desiderino porre fine a questo non senso, ma la presenza di oltre settanta stati sovrani non è altro che una fonte virtuale di divisione che comporta la momentanea messa da parte del dio della guerra, confinato nella sala d'attesa pronto a riemergere non appena si profilerà l'occasione di sabotare un nuovo negoziato.

Cosa si intende a questo proposito per unità e divisione? Si può creare unità sulla base di trattati? Sì. Si può garantire l'unità con un trattato? No. I trattati non sono altro che strumenti di diritto pubblico temporanei con cui vengono regolati i periodi di pausa tra una guerra e un'altra. L'unità creata dai trattati è solo apparente e il più delle volte è solo una divisione malcelata. Perché gli stati sovrani non riescono mai ad essere uniti per più di un certo tempo? È forse perché gli eventi sono in continuo fluire e i vecchi trattati devono essere adattati alle nuove circostanze? Forse in parte questo può essere il motivo, ma esiste una ragione più profonda.

Gli stati sovrani sono come sfere separate che ruotano attorno al proprio governo al centro di esse. I trattati di pace o di altro genere sono una specie di sottile strato di colla che collega le sfere tra loro nei punti in cui entrano in contatto. Per un certo periodo di tempo la colla funziona, ma essa non è un giuramento sacro o un trattato eterno su cui si può fare affidamento. Quando intervengono le forze di repulsione, la colla salta, le sfere si allontanano per poi scontrarsi finché una di esse non si rompe. Quando una sfera, animata dalla forza di espansione interna, desidera accrescersi, ingloba le sfere adiacenti indipendentemente dalla colla che le lega. In questo processo emerge solo più tardi il fatto che la sfera vincitrice può non essere in grado di assimilare quanto ha ingerito ed è così che è il popolo assoggettato ad assimilare il vincitore o a causare una rottura del suo impero dall'interno. Ogni atlante storico insegna come spesso è accaduto che i conquistatori si siano alla fine rovesciati. Laddove invece l'assimilazione abbia successo e si crei una nuova sfera con una nuova sovranità, così come avvenne nel caso della Francia, nata dalla fusione tra territori dell'impero romano, Galli e popoli immigrati, lo schema che entra in gioco è sempre il solito: una nuova sovranità coordina le altre.

Questa riflessione è importante per coloro che fanno riferimento alla creazione della Confederazione svizzera o degli Stati Uniti d'America e suggeriscono che si dovrebbe procedere a piccoli passi, ad esempio riunendo dapprima gli stati democratici in una federazione, come proponeva Clarence Streit nel 1939, o creando prima un'unione tra Stati Uniti e Commonwealth britannico, come raccomandò più tardi lo stesso Streit. Proprio come è avvenuto nel Nord America, dove all'iniziale unione tra tredici stati si sono via via aggiunti gli altri trentacinque, a una prima federazione di quindici democrazie o di Stati Uniti e Gran Bretagna, quindi semplicemente di a + b, si potrebbero in seguito unire altri stati. È un'idea corretta, solo che non si avrebbe alcuna unità finché tutti i settanta o più stati esistenti non avessero aderito. Nel frattempo, ciascun passo intrapreso non vedrebbe altro che l'accentuazione di schieramenti o blocchi opposti e all'aumentare della misura di questi blocchi, crescerebbero altrettanto gli eserciti schierati o il numero di bombe destinate all'oppositore. L'errore di calcolo commesso da coloro che propongono una federazione progressiva consiste nel non considerare che una federazione di a + b + c + ecc. come quella degli Stati Uniti o della Svizzera, porta sì alla cessazione delle guerre tra stati confederati, ma, come si è assistito nel caso di Stati Uniti e Svizzera, non comporta la fine delle guerre verso l'esterno. Sebbene alla Svizzera sia finora riuscito l'intento di mantenersi neutrale, questo non vuol dire che non abbia anch'essa armamenti fintantoché continuano a insistere le guerre ai suoi confini. Ogni federazione graduale funziona secondo il paradigma: cessazione di guerre intestine, esistenza di guerra esterna. La proposta di una federazione globale di governi potrebbe funzionare solo se fosse attuata in un colpo solo anziché gradualmente, ovvero se non vi fossero dapprima settanta, poi sessantanove, poi sessantotto stati sovrani e via dicendo, bensì dapprima settanta, poi un unico stato. Ma tutti sanno che un simile salto non è possibile fintantoché le decisioni spetteranno ai soli governi.

Alcuni ritengono così che la strada per una pace duratura non può essere che quella della graduale esclusione dei concorrenti: un'ultima guerra tra due ultimi stati rimanenti dovrebbe decidere chi tra i due dovrebbe porsi alla guida del mondo. Tale idea è errata da due punti di vista. Innanzitutto perché non desideriamo soltanto la pace, ma anche la libertà e un simile metodo ad eliminazione porterebbe soltanto a una dittatura globale; in secondo luogo perché una simile vittoria finale di una dittatura definita su basi militari non avrebbe un termine e l'umanità cadrebbe in una serie di guerre civili che si sostituirebbero alle guerre mondiali.

La critica non è naturalmente diretta all'idea di una federazione mondiale in sé, bensì ai metodi proposti per realizzarla. Una federazione mondiale non può essere realizzata dai soli governi, quindi non dalle Nazioni Unite (UN). Per chiarire questo concetto abbiamo provato ad andare a fondo dell'idea utopistica di una "federazione mondiale dall'oggi al domani". La premessa vedrebbe l'unione ad opera delle Nazioni Unite dei circa settanta governi sotto un unico governo internazionale, composto da una presidenza internazionale, un tribunale internazionale e le Nazioni Unite in qualità di parlamento internazionale. Il paragone con gli Stati Uniti è ancora calzante? La risposta a questa domanda va cercata nel rapporto che ogni stato in quanto parte avrebbe con la federazione in quanto tutto. Il singolo stato facente parte di una federazione, come ad esempio lo stato di New York o il Cantone di Basilea, viene definito con chiarezza uno stato membro. Come il braccio e la mano sono parti di un unico corpo, così lo stato membro è parte di un'unica federazione. È di per sé un elemento completo e separato che però fa parte di un tutto, come lo stato di New York che, pur essendo un'identità a sé, è parte degli Stati Uniti. Quest'entità superiore è a sua volta parte dell'umanità tutta che può essere considerata l'insieme supremo che racchiude tutto il resto. Ma qui si propone un salto concettuale: la categoria "umanità" non fa parte dello stesso insieme in cui rientrano le categorie di "stato" e "federazione". È necessario inserire in tutto il ragionamento l'aggettivo mancante al punto giusto, e questo aggettivo è "politico/a". Lo stato di New York è un elemento politico completo in sé e allo stesso tempo parte di un elemento politico completo superiore. Questo elemento politico superiore, ovvero gli Stati Uniti, è a sua volta parte politica dell'umanità. Quindi non dell'umanità politica, perché politicamente l'umanità non è un elemento unico. Per capirci, essa è un elemento unico dal punto di vista antropologico, biologico e psicologico, ma non politico, ed è per questo che in sé non è organizzata dal punto di vista politico, ma solo i singoli stati lo sono.

Se riproponiamo l'esempio adottato prima delle sfere incollate tra loro, possiamo vedere l'insieme dei governi e la loro subordinazione a un governo internazionale superiore come un insieme di sfere all'interno di un unico sacco contenitore, in cui esse, così come gli stati sottoposti al governo internazionale, vengono coordinate pur rimanendo separate, ciascuna con il suo esercito. È interessante notare come molti individui che sostengono caldamente l'idea di un regime internazionale non riescono ad allontanarsi dall'idea degli eserciti nazionali. Creando un governo internazionale, paragonato a un contenitore esterno, non si crea una vera unità e quindi non un'unione efficace di stati e una pace duratura. Con un governo internazionale deciso dai singoli governi non cambierebbe nulla. I governi che non dovessero essere d'accordo con le decisioni di un eventuale tribunale internazionale, non farebbero altro che dichiarare guerra all'oppositore e, se fossero sufficientemente forti, al regime intero. Anche nel caso in cui questo tentativo fosse soffocato da una specie di crociata di tutti gli altri eserciti o da un apparato di polizia internazionale ci troveremmo di fronte a una nuova guerra mondiale. L'esistenza di un esercito internazionale, erroneamente battezzato polizia internazionale, non sarebbe in grado di cambiare la realtà dei fatti.

L'immagine del sottile contenitore che racchiude in sé tutti gli stati deve essere completata specificando il materiale di cui questo contenitore dovrebbe essere fatto. Tra le fila di un governo internazionale creato dai soli governi nazionali ci sarebbero esclusivamente uomini e donne direttamente appartenenti a questi ultimi o comunque giuridicamente impegnati a difendere gli interessi dei singoli governi e a recepire e applicare le direttive loro impartite. Non sarebbe altro che una replica delle attuali Nazioni Unite. Gli interessi di un paese, sempre univoci e dettati dal momentaneo e poco lungimirante vantaggio di un determinato gruppo definito classe governante, hanno un nome diverso in ogni lingua: "America first", "Deutschland über alles", "sacro egoismo", "right or wrong my country", "l'Asia agli asiatici", "dittatura del proletariato". Un simile governo internazionale sarebbe quindi composto da uomini e donne fedeli all'interesse dichiarato della propria nazione, chiusi entro confini mentali coincidenti con i confini della propria nazione, che continuerebbero a riproporre interessi momentanei che sarebbero presto dimenticati e sostituiti da altri nuovi interessi. Ma il governo internazionale che vogliamo deve essere diverso.

Come raggiungere una reale unità? "È impossibile fare una frittata senza rompere le uova". Se sostituiamo le sfere dell'immagine proposta prima con delle uova, il paragone è più comprensibile. È necessario anche un po' di olio, mettere il tutto sul fuoco, aggiungere un pizzico di sale. Il governo internazionale deve partire dagli stati per creare una nuova unità, non semplicemente mettere tutte le uova in un sacco, ma unirle in un tutto organico. Si tratta di un governo internazionale che dalla periferia viene posto al centro per poter toccare da qui in modo radiale ogni angolo, una sorta di agente lievitante che compatta il tutto.

Le idee di pan-Europa, pan-America, pan-Slavia, pan-Arabia, pan-Asia sono ormai superate dall'obiettivo moderno di "pan-anthropeia". Non vogliamo con questo ordire guerre mondiali tra grandi blocchi mascherandoci con falso ottimismo, né sosteniamo che un simile governo internazionale possa impedire lo scoppio di una guerra se questo non poggia su una precedente trasformazione della natura dell'umanità fino a farne un tutto politicamente organizzato. Questo è possibile solo se non si considera il governo internazionale come una mera addizione di governi, una somma di singoli pezzi, bensì se lo si vede come istituzione nominata direttamente dalla popolazione, ovvero dall'umanità, in quanto l'umanità è un tutto continuo a priori.

Così come negli Stati Uniti d'America, sebbene esista l'istituzione dei grandi elettori, il Presidente viene eletto da tutti i cittadini della federazione e non dai quarantotto governatori dei quarantotto stati, così, sebbene non proprio in maniera identica, il governo internazionale dovrebbe essere eletto dalla popolazione tutta, cioè dall'umanità e non dai governi.

È necessario però porre dei limiti a questa tesi: un governo internazionale che prometta di garantire la pace non può essere messo in piedi unicamente dal popolo, contro la volontà dei governi, quindi per riassumere non può essere eletto né dal popolo da solo, né dai soli governi, bensì dall'unione delle due entità che rivestono ciascuna un ruolo differente. I governi sono i centri di forza che riuniscono attorno a sé la cittadinanza per farla fluire come unica entità oltreconfine in caso di guerra; la popolazione è la rete di rapporti umani che non si fermano ai confini di uno stato grazie ai viaggi e al commercio, ai matrimoni e alle amicizie, agli interessi economici e ad altro ancora. La popolazione è quel filo rosso che, al contrario della concentrazione nazionale attorno al singolo governo che comporta una separazione, garantisce l'unità dell'umanità perché aspira alla crescita costruttiva dello stato conformemente all'unità esistente a priori. Le due tendenze opposte sono quindi rappresentate da governo e popolazione.

In origine si aveva l'unione, ovvero l'unità naturale e biologica costituita dall'umanità. Nella preistoria famiglie e ceppi iniziarono a separarsi per costruire solo molto più tardi gli stati e da allora, per usare un linguaggio biblico, con la costruzione della torre di Babele la divisione in lingue differenti e l'alienazione dei ceppi hanno portato l'umanità a soffrire, almeno sul piano politico, per le conseguenze della separazione. Oggi non si vuole ripercorrere al contrario la storia dell'evoluzione fino a tornare a fare dell'umanità un'unica indifferenziata massa primitiva. Quello che deve nascere è una nuova costruzione politica che sottolinei il legame tra stati piuttosto che la loro separazione; una costruzione basata sul mantenimento dei governi nazionali, responsabili dei compiti amministrativi e paladini della diversità linguistica e nazionale, ed evoluta poi politicamente fino a divenire un corpo costituito da rappresentanti eletti direttamente dal popolo e rappresentanti dei singoli governi. Le forze di unione devono potersi esprimere tanto quanto quelle di separazione.

In pratica tutto questo può essere realizzato creando all'interno delle Nazioni Unite un senato internazionale e una camera dei rappresentanti internazionale che, unite e secondo i principi universalmente riconosciuti, costituirebbero il governo internazionale.

Il presidente internazionale rappresenterebbe il potere esecutivo e il tribunale internazionale il ramo giudiziario che interverrebbe in tutte le controversie della politica internazionale.

Come le attuali Nazioni Unite possano essere trasformate in un senato internazionale è una questione che lasciamo all'Assemblea generale delle Nazioni Unite. Anche la costruzione di una presidenza internazionale e di un tribunale internazionale è una questione che è stata ampiamente studiata nella teoria. Il problema meno dibattuto eppure più urgente e centrale rimane quello della camera dei deputati internazionale, ovvero di quanta posta in gioco dipenda da essa, a partire dal fatto che una tale camera rappresenterebbe la fine dell'epoca delle guerre e l'inizio della pace duratura. Tutto dipende dal riuscire a convincere il popolo che si tratta della scelta giusta da fare, dal momento che è solo un'illusione pensare che i governi lasciati a sé stessi possano garantire la pace duratura. La separazione tra stati e quindi governi è stata la causa dell'inizio della storia della guerra ed è da allora che l'essenza stessa dei governi li rende i paladini dell'idea della separazione e dell'idea della divisione dell'umanità in gruppi autonomi e nemici. I governi in quanto istituzioni non possono superare questo loro limite, per quanto gli individui che ne fanno parte lo desiderino. Quando la popolazione si renderà conto di questo e riconoscerà la pace come suo obiettivo ultimo, non tarderà a capire che spetta a essa stessa il compito di promuovere una nuova unione tra entità divise e si metterà all'opera per fare quanto necessario. Il popolo deve quindi prima capire di essere un'unità precedente a queste separazioni, un'entità a priori, forse proprio quell'unità che i governi con i loro trattati e la loro diplomazia si sforzano invano di creare.

Ciò che manca al popolo è l'educazione. Il popolo, vittima dell'abitudine instauratasi da millenni, non si rende infatti conto di quanto sia semplice il tutto. Molti sono spaventati all'idea di dover prendere l'iniziativa perché questo significherebbe superare l'autorità del governo che al contempo temono: passando all'azione essi hanno timore di opporsi all'ordinamento giuridico incarnato dal governo. L'idea che i cittadini di uno stato si uniscano a quelli di un altro, o a quelli di tutti gli altri, suscita un certo panico negli animi più pavidi. Alcuni temono che venga loro rinfacciato il fatto di opporsi al proprio stesso governo, di sabotarlo o indebolirlo. Ma l'esempio degli Stati Uniti dovrebbe bastare a calmare gli animi. Nessun cittadino americano incorre nel reato di alto tradimento contro il suo stato nel momento in cui obbedisce alle leggi approvate dal Congresso così come fanno tutti gli altri cittadini degli altri stati dell'Unione, perché l'ordinamento giuridico del suo stato non è in contrasto con quello dell'Unione. Si può menzionare poi brevemente il fatto che negli Stati Uniti esistono in effetti differenze tra gli stati del nord e quelli del sud, ma che se da un lato si assiste alla difesa dei diritti propri di uno stato, dall'altro tutti lavorano con incredibile spirito di tolleranza e pazienza all'abbattimento delle differenze. Lo stesso potrebbe quindi avvenire in uno stato internazionale, se solo i suoi cittadini fossero educati alla tolleranza e alla pazienza.

Quando gli americani eleggono i propri rappresentanti, i propri senatori e il Presidente non aggirano nessuno dei quarantotto governi dell'Unione, non li boicottano e non vengono incarcerati con l'accusa di sovvertimento. Nessuno dei quarantotto stati ritiene che con questo sia indebolita la propria sovranità e hanno anzi tanti altri settori di cui occuparsi e dove esercitare la sovranità che spetta loro per il bene del singolo stato. Se la sovranità sia limitata è quindi eventualmente solo una questione di interpretazione e di terminologia. Di fatto nessuno dei quarantotto stati può dichiarare una guerra e questa è la più importante limitazione della loro sovranità, ma a nessuno di loro verrebbe mai in mente di mettere in discussione questo fatale diritto e lascia al senato sito a Washington D.C. il compito di decidere in merito, laddove peraltro, come nel caso di Pearl Harbour, non vi sia altra scelta possibile.

Gli uomini e le donne che esercitano all'interno dei singoli governi dei quarantotto stati non provano alcun tipo di risentimento nei confronti del governo centrale, ma hanno anzi in qualità di cittadini essi stessi il diritto di voto che porta a eleggerlo e sono quindi nei suoi confronti mera popolazione, così come tutti. È necessario specificare che gli uomini e le donne che ricoprono cariche governative sono a loro volta cittadini e che in quanto parte dell'umanità avrebbero lo stesso diritto di voto nell'elezione del governo internazionale di tutti gli altri cittadini laddove si dichiarassero cittadini del mondo?

È vero che i governanti non si sono ancora dichiarati tali, ma hanno sottolineato pubblicamente di volere la pace e sono

di fatto legati al patto Briand Kellog che i governi hanno sottoscritto, quindi possiamo sperare che nessuno di loro auspichi
seriamente allo scoppio di una terza guerra mondiale. In fondo hanno tra le mani il potere di limitare le differenze interve-
nendo con misure di moderazione e avvicinamento reciproco,
e sarebbe di grande aiuto se aderissero all'idea di una camera
di deputati internazionale, cosa che finora è stata fatta solo dal
ministro inglese Ernest Bevin. In Inghilterra però non è l'unico,
dal momento che diversi parlamentari, tra cui anche Usborn e
i suoi, condividono simili idee. Ci si aspetterebbe che i governi
accogliessero con favore l'idea di un parlamento internazionale
dato che questo permetterebbe finalmente loro di liberarsi della
responsabilità di garantire una pace duratura, cosa che ormai è
appurato non sono in grado di fare.

Di fatto il problema della pace duratura dipende da un problema superiore, ovvero capire chi è responsabile di garantire
tale pace. Non lasciamoci ingannare dal fatto che gli uomini di
governo hanno avuto un'istruzione apposita per gestire i compiti diplomatici e politici, nonché dispongono di un servizio di
informazione che non è alla portata della popolazione e che
permette loro di prendere le decisioni relative alle questioni più
scottanti dell'attualità. Perché anche se in quanto esperti del
settore hanno tutti gli strumenti per esprimere un giudizio sulle
situazioni, non è altrettanto vero che siano sempre in grado di
prendere quelle decisioni che sono per forza influenzate dagli
interessi della propria nazione. Soprattutto ricordiamo che non
hanno il diritto né l'incarico di decidere in nome dell'umanità
tutta. È impossibile servire due cause allo stesso tempo, ovvero
rappresentare al contempo gli interessi momentanei del proprio
stato e quelli a lungo termine di tutti gli stati. Questo è il motivo
per cui dobbiamo creare un ufficio che abbia il diritto e il dovere di pensare in modo cosmopolita e agire nell'ottica di questo
pensiero. Tale ufficio altro non è che la camera dei rappresentanti internazionale in cui possa prendere voce l'umanità tutta
con la garanzia di essere ascoltata.

Ovviamente gli uomini e le donne eletti in una camera di
rappresentanti internazionale sarebbero di altro stampo rispet-

to a quelli eletti nel senato internazionale. Soltanto individui che si sentono cittadini internazionali e sono riconosciuti come tali possono ottenere il diritto di elettorato passivo; solo individui tolleranti, che riconoscono i diritti di qualsiasi razza, nazione, lingua, religione e cultura; solo individui che hanno ampie vedute.

I governi dovrebbero quindi mantenere la propria sovranità interna, così come avviene per i singoli stati negli Stati Uniti, che sono pienamente autonomi nelle decisioni relative alle questioni interne. Quello che auspichiamo è che rinuncino alla sovranità esterna lasciandola alla camera di rappresentanti internazionale che la trasformerebbe in una sovranità interna dell'umanità. Quanto verrebbe tolto ai governi sarebbe solo l'illusione della sovranità esterna in cambio della pace e del sollevamento da una responsabilità sempre più pesante. Governare ha senso solo se lo si fa nell'interesse del paese, ma è necessario aggiungere una specifica: l'interesse del paese deve essere reale. I governi sono stati creati da seimila anni per dichiarare guerre e decidere di interromperle, ma non sono organizzati per una pace reale, ovvero per il reale interesse di tutti. Dal momento che abbiamo il massimo rispetto per le cerchie governative delle Nazioni Unite e sappiamo che non vogliono che il nostro bene, speriamo che comprendano che la creazione di una camera di rappresentanti internazionali non sarebbe in alcun modo un voto di sfiducia nei loro confronti. Al contrario, è il riconoscimento di una necessità reale, è vera e propria realpolitik.

Nonostante tutto risulterà difficile ai governi superare gli ostacoli emotivi di cui sono vittime e obietteranno che nel popolo non si è ancora risvegliato il riconoscimento della propria responsabilità. Il nostro compito, obiettiamo noi, sarà proprio quello di risvegliare il popolo dal suo torpore di indifferenza e timidezza. Spetta al popolo il compito di subordinare gli interessi nazionali all'idea e alla pratica di una giustizia generale per tutte le nazioni.

Il popolo e nessun altro è in grado di intraprendere il primo passo per creare un governo internazionale. Se oserà fare questo passo, i governi non faranno che seguirlo. In fondo i governi devono governare il proprio paese, non il mondo.

3. POLITICA ED ETICA

Non basta che dichiariamo di volere un governo internazionale; dobbiamo essere in grado di definire anche come questo dovrebbe agire.

Probabilmente molti direbbero: il governo internazionale dovrebbe avere il compito di portare e quindi preservare la pace e la libertà, sia essa intesa nell'accezione di Franklin D. Roosevelt che riconosceva quattro libertà tra cui anche quella dalla preoccupazione economica. Altri potrebbero riconoscere come compito supremo del governo internazionale quello di liberare l'umanità dal comunismo o, a seconda dei punti di vista, dal capitalismo. In ogni caso, ognuna di queste risposte indica dei precisi compiti, ma il senso della domanda era diverso. "Come" questo governo dovrebbe agire si riferisce ai principi che dovrebbe seguire, principi che permettono di capire se determinati obiettivi sono positivi o negativi. Non si intende quindi come noi vogliamo che agisca nella pratica, bensì come vogliamo che ragioni. Il tutto ci porta, prima di poter proseguire, ad affrontare il più grande problema cui l'umanità si è trovata di fronte in tutte le epoche, ovvero l'etica. La letteratura in merito è sconfinata e iniziare qui un dibattito in merito sarebbe impossibile. Altrettanto errato sarebbe dare per scontato che al lettore sia familiare tale letteratura, a meno che questi non sia per professione un filosofo. Fortunatamente non è necessario disporre di approfondite conoscenze tecniche per seguire il nostro discorso, dal momento che anche chi non ha mai letto un libro sull'etica conosce i problemi ad essa legati tramite i rapporti quotidiani che intraprende con le altre persone.

Fin dalla prima infanzia ognuno di noi deve confrontarsi con la differenza tra ciò che gli è permesso e ciò che non gli è permesso fare. Crescendo poi, ci si rende conto di come ogni nostra azione provochi una critica o una controreazione, sia essa amichevole o meno, e di come noi stessi reagiamo ai comportamenti degli altri all'interno della famiglia, in ambito scolastico, nella cerchia degli amici, nella coppia, sul lavoro, nella società, nello stato. L'individuo si trova quindi ad essere parte di una fitta rete di rapporti che lo spronano o lo frenano, ma che in ogni caso lo educano e lo plasmano. È così che si forma il carattere della persona che scopre all'interno di sé la facoltà di giudicare e di prevedere come una sua azione sarà recepita, imparando cosa è ammesso, cosa è auspicabile e cosa no. Si apprende così il tatto, la buona educazione e più di ogni altra cosa si viene portati da questa spinta collettiva verso una strada che termina con l'ideale di un'umanità perfetta. Lungo il percorso è possibile inciampare su qualche ostacolo dato dalle proprie debolezze, dai conflitti esterni, dalle tentazioni, dagli errori di apprendimento che ci porta nella direzione opposta, ma anche sbagliando direzione ci si continua comunque a muovere lungo lo stesso percorso che obbliga a riflettere su come dobbiamo agire. Sia che si decida di affrontare la questione in modo sistematico perché dotati di una tendenza intellettuale, sia che ci si rifletta in modo vago, in entrambi i casi si sta nuotando nel mare dell'etica.

L'etica come problema fondamentale della vita è esistita in ogni epoca, persino prima che Socrate ne facesse una questione pratica e un tema della filosofia sistematica. A partire da Socrate e da Platone esiste quindi una storia dell'etica come disciplina filosofica.

Se tutti i professori di etica ne avessero avuto la stessa opinione, la storia dell'etica stessa sarebbe una lettura davvero noiosa. Invece con il passare del tempo abbiamo osservato come alcuni pensatori si siano allontanati dalle opinioni dei predecessori, le abbiano migliorate, chiarite, approfondite o talvolta confutate. Non di rado è avvenuto che qualche studioso, errando, abbia inserito una nota confusa che non ha fatto altro che offuscare le idee del singolo che si trova ad affrontare il problema per la prima volta. Gli sconvolgimenti in campo etico e il dubbio che forse una dottrina corretta non esistesse hanno plasmato il destino di diverse generazioni e determinano anche il destino della nostra. La perdita della fiducia nell'esistenza di valori assoluti e di un agire corretto ha reso l'individuo odierno volubile. Credendo erroneamente che tutto sia relativo, comprese le questioni etiche, le persone non accettano più l'idea di un'etica assoluta. La parola "assoluta" fa infuriare molti, ma a costoro non possiamo che chiedere: se non volete sentir parlare di etica perché credete all'assolutismo della relatività, o perché ritenete che la politica si basi sulla legge del più forte, o ancora perché piuttosto che riflettere preferite affidarvi alle sensazioni, agli istinti e alle passioni, certo non sentite la necessità di pensare a come vi salverete dalle bombe atomiche? Secondo costoro, lanciare una bomba atomica è una questione di opinione e, dato che la politica obbedisce alla legge del più forte, ogni politico dovrebbe caldeggiare l'uso di tale arma e di tutti gli strumenti di distruzione di massa a sua disposizione per prevenire i nemico. Sempre secondo queste persone siamo di conseguenza destinati al tramonto, forse attraverso guerre a venire, dal momento che dominano unicamente la cieca stupidità e le cieche passioni degli altri. Perché essere assennati dunque?

Una simile mancanza di coscienza, raziocinio e senso di responsabilità nuoce non solo a sé stessa, e a quegli individui più faciloni e superficiali che vivono circondati da queste contraddizioni interne, ma nuoce anche a tutti gli altri che vengono trascinati in questo vortice. Solo con una forte autoconvinzione è possibile contrastare la moda del relativismo. Non vi è nulla di più difficile che portare a ragionare quegli adulti che in campo etico sono rimasti bambini. Vi sono poi anche gli ignoranti che confondono la teoria della relatività di Einstein (la cui correttezza è indubbia, ma che probabilmente non è stata ben compresa) con il relativismo: essendo due parole simili, ne usano una al posto dell'altra. La teoria della relatività della fisica potrebbe anche essere chiamata teoria dell'assolutezza dato che ricerca le costanti assolute del cosmo e le leggi che le dominano. Il relativismo in sé e il relativismo etico rimangono incastrati nell'idea che ogni opinione sia relativa e che non vi sia nulla di assoluto alla base del tutto. Mentre la relatività nella fisica non è altro che una catena di passi che si spera portino verso l'assoluto, nell'etica la relatività viene assolutizzata. Questi relativisti riconoscono l'esistenza dei concetti opposti di buono e migliore e cattivo e peggiore, ma non ritengono che questi concetti siano applicabili all'agire umano, pensando che quanto può essere giusto per qualcuno in una determinata epoca, può essere al contempo sbagliato per qualcun altro, così come lo stesso individuo in momenti diversi e a età differenti può ritenere la stessa azione giusta e permessa o sbagliata e vietata. Il fatto che il giudizio etico cambi con la persona, le circostanze, le abitudini e il punto di vista di una generazione o di un paese è storicamente e geograficamente comprovato, ma questo non significa che il cannibalismo, il sacrificio di esseri umani, la schiavitù, la persecuzione della stregoneria, l'omicidio di ostaggi e altre simili usanze siano etiche. Ma sono in molti a mettere a tacere eventuali sensi di colpa con la giustificazione che il proprio errore di valutazione è coinciso con l'errore di valutazione generale e che gli errori di valutazione in fondo non siano veri e propri errori.

A tutto questo va ad aggiungersi un altro malinteso. La parola relatività e il termine relativismo sono entrambi derivati della parola relazione. L'etica si riferisce alle relazioni che intercorrono tra gli individui. Come si può parlare di un'etica assoluta, ovvero una relazione assoluta e non limitata, quando ogni relazione etica quando applicata nella pratica si riferisce a singoli individui? L'etica è sempre relativa se invece di riferirsi all'assolutezza delle leggi della natura si limita al mondo specifico degli individui. Ma questa obiezione dimentica che l'assolutezza non si riferisce agli individui, ma alle relazioni tra essi. Gli uomini quando operano la distinzione tra buono e cattivo introducono sfumature relative come migliore, ottimale, peggiore, pessimo che fanno riferimento a superlativi che presuppongono l'esistenza di qualcosa di assoluto e indipendente dall'uso soggettivo delle sfumature. Questo anche se non si conosce l'ultimo stadio. Tutto dipende dal fatto che si tende verso un'assolutezza, così come la bussola etica ha un carattere di assolutezza. Per centinaia di anni in navigazione ci si è orientati secondo quella che si credeva fosse la posizione del polo nord della Terra prima che qualcuno finalmente lo raggiungesse, ma ora non è più necessario che qualcuno visiti il polo nord per sapere dove si trova il nord. Allo stesso modo sappiamo qual è la direzione che porta verso il bene assoluto e quale quella che porta verso il male assoluto, sebbene viviamo tra i due poli e non ne raggiungeremo mai uno. Così come però i bambini non sanno dov'è il nord e devono quindi scoprirlo, così molti adulti in campo etico sono rimasti bambini.

Ciò che affascina del relativismo etico è la conseguente perdita di responsabilità. Qualunque sia la direzione verso cui si viaggia, essa può essere definita nord; si proviene sempre da un punto per raggiungerne un altro e quando si arriva lo si ritiene, se non il migliore, quanto meno un punto buono come tutti gli altri. Se si ritiene che ogni cosa abbia lo stesso valore, la capacità valutativa dell'uomo viene neutralizzata, così come avviene nel mondo della natura. Ma mentre gli atomi di ossigeno non hanno un valore in partenza, le azioni umane perdono il loro valore, la vita viene svalutata e diventa disumana, così come le azioni tutte. Ecco che il ragionamento errato che stavamo seguendo giunge a un vicolo cieco, dato che anche le azioni disumane sono azioni fatte dall'uomo, quindi umane e si riaffaccia inesorabile il concetto di assoluto. Cos'è allora quest'assoluto in cui alcuni credono e altri no? È solo una credenza, relativo quindi alla capacità dell'uomo di credere in qualcosa? Si può convincere l'uomo a crederci spaventandolo con la minaccia di pene infernali o allettandolo con la promessa del paradiso? O non si tratta piuttosto di un sapere dato, un sapere che l'uomo deve solo comprendere di possedere?

Queste domande ci riportano alla questione che abbiamo già affrontato, ovvero se esistano relazioni assolute, per quanto diversi possano essere gli individui. Il problema di "come devo agire io" è parte del problema di "come dobbiamo agire noi" e della questione ultima di "come dobbiamo agire tutti". Le dottrine etiche culminano così in citazioni generiche, vaghe e poco concrete. Apparentemente il "come tutti dovrebbero agire" si riduce a ben poco. A tal proposito si possono citare i dieci comandamenti, cosicché al massimo possiamo udire frasi come "non si deve mentire", ma anche qui abbiamo bravi relativisti che potrebbero enumerare più di un caso in cui mentire è un bene. Ad esempio un medico dovrebbe in parte mentire a un paziente in merito al suo stato di salute per non indebolirlo ulteriormente. Il problema deve essere forse allora posto diversamente, ovvero: "come dobbiamo agire tutti, ad eccezione di alcuni casi"? Ma l'intelletto di un individuo sano si oppone all'idea di un divieto valido per tutti con alcune eccezioni per pochi. L'esempio addotto del medico può essere meglio compreso se si pensa che, attraverso una troppa schietta sincerità, questi potrebbe realmente uccidere il paziente e infrangere così il comandamento "non uccidere". Se, anche senza comportarne la morte, danneggia anche in parte il paziente, comunque infrange il giuramento medico che altro non è che un comandamento etico.

Tutti i comandamenti etici formano parte di un sistema interconnesso e sono quindi organicamente legati tra loro; se definita con la terminologia della teoria della forma, l'etica è un'unità e non una serie spezzettata di leggi comportamentali. L'etica deriva da un germe di pochi semplici fatti.

L'etica si basa fondamentalmente sul principio dell'istinto di conservazione e autoespressione. Le dinamiche etiche derivano dal rapporto tra l'autoespressione dell'individuo e l'autoespressione della società in quanto campo di forza degli individui stessi. In questo germoglio sono inclusi sia il conflitto tra l'espressione del singolo e l'espressione della società che la tendenza verso un'armonia tra le due. Entrambe le tendenze si regolano a vicenda. Un'espressione troppo egoistica del singolo viene limitata dalla tendenza all'espressione della società tutta e viceversa: l'assolutizzazione eccessiva della società, dello stato, della Chiesa, della scuola, dell'esercito o di qualsiasi altra istituzione si scontra contro la rivolta dell'individualismo. Lo sviluppo tende al perfezionamento. Obiettivo dell'etica è trovare un equilibrio tra le due tendenze dell'espressione individuale ed espressione sociale. L'espressione individuale è dovere del singolo, ma essa deve essere in armonia con il diritto di espressione della società.

Il "come agire" dell'etica non è altro che un'altra espressione che può essere utilizzata per definire questa tendenza all'armonia tra individuo e società. Quando diciamo che l'etica si riferisce a come devono agire tutti, la parola "tutti" si riferisce sia a tutti gli individui presi singolarmente, quindi ai singoli individui concreti, che a tutti come comunità, quindi a un'unità ideale. La società rimane in uno stato di disarmonia perpetua se la tendenza all'autoespressione dell'individuo o la tendenza all'espressione del potere delle organizzazioni sociali crescono senza il rispetto l'una dell'altra. La divergenza tra le due porta alla confusione, la convergenza invece porta a uno stato di equilibrio e compensazione che si ripercuotono all'interno dei singoli individui e nell'equità dell'amministrazione pubblica allo stesso tempo. L'armonia etica è un concetto che supera la ragione, completamente diverso dalla razionalità della legge giuridica, sebbene anch'essa aneli all'equità. Tanto l'armonia etica quanto la legge giuridica sono norme. La norma etica corrisponde a quanto il cristianesimo definisce amore (ved. Corinti, 13), un concetto diverso dall'amore tra sessi, quindi l'amore personale. L'amore cristiano è la vicinanza amichevole verso qualsiasi essere umano in quanto tale e in quanto membro della comunità umana, e non può essere comandato. Lo stato in quanto ordinamento giuridico e obbligatorio dotato del potere di comandare non si basa sull'amore, ma sulla legge giuridica che porta ordine e regole nella società e nelle transazioni di ogni tipo, nonché garantisce la parità di diritti e doveri tra tutti i cittadini. Anche laddove siano ammessi i privilegi questi sono da applicare a tutti i membri della classe privilegiata. Solo nel caso in cui un principe sovrano si arroghi il diritto esclusivo di godere di alcuni privilegi può sorgere il principio dell'ingiustizia, messo a tacere poi dal fatto che il principe stesso è sopra la legge.

Le leggi giuridiche sono l'espressione della regolarità e dell'ordine all'interno di uno stato; esse cambiano da stato a stato e da generazione a generazione; sono relative e per questo spesso anti etiche. Parte del codice penale di Hammurabi ci sembra ora disumano, così come molte delle leggi che regolavano il procedimento giudiziario nel Medioevo: è terribile immaginarsi quante persone hanno dovuto soffrire pene indescrivibili per effetto di leggi inutilmente crudeli, che pure erano leggi. Generalmente anche allora la legge mirava a garantire l'armonia, solo che da un lato non si capiva a cosa quest'armonia corrispondesse, dall'altro la si identificava con il dominio di una famiglia, una casta o una minoranza. È accaduto spesso infatti che le leggi fossero definite da un gruppo ristretto di persone, anche criminali, che si trovavano al momento al potere: è comprensibile che esse abbiano quindi giustificato le violazioni commesse con la teoria che non esista un'etica assoluta e che nessuno possa quindi giudicare cosa sia bene e cosa male. Le categorie di bene e male sono state quindi sostituite da altre due categorie: il successo che definisce i forti e la sconfitta che definisce i deboli. Per costoro il male può avere conseguenze positive dato che il fine giustifica i mezzi e nello specifico il fine di uno stato giustifica ogni mezzo da esso adottato. I casi estremi del machiavellismo e degli ordinamenti criminali non sono che esagerazioni del principio secondo cui l'etica debba essere misurata in base al benessere di una parte della società piuttosto che della società tutta. Maggiore è quella parte di società di cui si vuole garantire il bene, maggiore è la vicinanza dell'ordinamento giuridico all'armonia dell'amore cristiano.

Le prospettive di poter convincere le persone della correttezza di una simile tesi sono oggigiorno ristrette. Il salto dall'individuo all'umanità è troppo grande per alcuni. L'individuo è infatti un fattore conosciuto e concreto, mentre l'umanità è un'immagine sfocata di una massa impersonale e indifferente. Come trovare l'equilibrio tra due entità tanto diverse? È comprensibile che nei dibattiti riguardanti i doveri di noi esseri umani si menzioni sempre la necessità di iniziare da sé stessi prima di puntare il dito contro altre persone: così facendo ci si trae d'impaccio. È vero che ognuno deve iniziare dal proprio piccolo, ma se si considera che ci sono circa due miliardi di persone che devono prima essere educate all'autoanalisi, il compito appare senza speranze ed è così che si continua a vivere come se nulla fosse. Dire che ognuno deve iniziare dal proprio piccolo, però, è solo una mezza verità. L'etica, o almeno la parte di etica di cui ci stiamo occupando, non riguarda gli eremiti, bensì le relazioni che intercorrono tra gli individui e anche se nessuno intrattiene relazioni dirette con tutti gli altri, di certo ne intrattiene di indirette. Questo fattore non può oggigiorno essere negato. Se i fattori geografici e climatici hanno isolato interi gruppi di persone per lunghi periodi di tempo, oggi la tecnologia moderna permette di superare ogni ostacolo. Le persone però non sono ancora abituate a considerarsi come un tutto e a vedere la realtà come un insieme di attività interconnesse di un'unica massa. Essendo un tale pensiero troppo complesso, molti si fermano al collegamento politico che esiste tra individuo e comunità, ovvero la nazione. Il fatto che proprio questo collegamento sia alla fonte di ogni difficoltà è una delle questioni etiche e politiche più affascinanti. Da quando nell'antichità l'umanità si è divisa in ceppi, da quando la caccia e l'agricoltura hanno diviso la comunità sulla base di diversi valori, l'etica individuale è stata sostituita dalla prima forma di etica nazionale, che sullo sfondo di rapine, guerre, opposizioni ha tentato di raggiungere una pace sovranazionale basata su trattati e diritto dei popoli. La nazione, o lo stato costituito da più di una nazione, rimase l'elemento di collegamento tangibile perché incarnato in una persona, fosse essa il capo, il re o il presidente. L'umanità al contrario non era rappresentata, o se lo era, in casi estremamente rari. Soltanto pochi individui hanno avuto la forza intellettuale di immaginarsi l'umanità come un tutto riconoscendo tutte le razze e nazioni come parti equipollenti di questo tutto e tutti gli individui come fratelli. Questi hanno parlato di etica reale, hanno cercato e trovato progressivamente i comandamenti e i divieti che, strutturati in un sistema organico, potevano essere validi per tutti gli uomini. Questi pochi individui hanno suscitato rabbia, contrasto, inimicizia, odio, derisione o disprezzo e soltanto in pochi sono riusciti a elevarsi al rango di rappresentanti ideali dell'umanità. Quanto da loro insegnato può essere riassunto in una frase: l'espressione personale e nazionale ai danni della comunità non sono mai permesse e la violazione di questo comandamento nuoce solo al reo.

Sebbene l'idea dell'umanità come un tutto rimanesse vaga, ad un certo punto le persone iniziarono ad accostarsi a questi insegnamenti perché si resero conto che quanto poteva essere di vantaggio per tutti era sicuramente un bene anche per il singolo. Tuttavia, esisteva il pericolo che quest'idea fosse capovolta nella convinzione che fosse giusto battersi per raggiungere il proprio bene ad ogni costo. L'etica utilitaristica è facilmente oggetto di cattive interpretazioni e abusi; l'etica che fa della ricerca del bene un'arte fine a sé stessa e dell'ottemperanza al dovere una negazione di sé stessi è una dottrina sbagliata. L'armonia etica è data da quella dose di egoismo che si lascia delimitare da un ragionevole altruismo nonché da quell'altruismo che si ferma di fronte al ragionevole egoismo per non culminare in un inutile ascetismo. Il segreto è celato nella parola "ragionevole".

Il vecchio testamento ci ha trasmesso l'idea primitiva di un Dio vendicativo. Successivamente la vendetta è stata riconosciuta come anti etica, ma sembrava blasfemo definire Dio anti etico. Basta però sostituire la parola "vendicarsi" con "ricadere", di fatto neutralizzandola, per capire che ciò che si intende non è altro il fatto che le malefatte dei genitori si ripercuotono sui figli e sui nipoti. Nessuna malefatta avviene all'interno di un vuoto: a qualsiasi azione che violi la comunità, quest'ultima risponde con una pari tendenza. La storia del mondo è una rappresentazione della continua perdita e ritrovamento di questo equilibrio. Fintantoché è durata e continuerà a durare la divisione in ceppi e quindi nazioni e stati sovrani, la storia non sarà altro che una catena di tentativi di correzione di un'etica distorta a mezzo di attacchi degli individui o degli stati. Ma possiamo tollerare una divisione solo finché continueranno a esistere parallelamente i ponti di collegamento che consentono all'umanità di rimanere fondamentalmente unita.

Il commercio in quanto attività di scambio è precedente alla prima guerra, ma può esserne stata la causa. Anche il commercio moderno presenta questo doppio aspetto: se da un lato promuove la pace, dall'altro causa la guerra non appena si cerca di aggiudicarsi il proprio vantaggio rispetto a un'altra nazione. Commercio e guerra insieme hanno contribuito allo sviluppo della tecnica moderna che, in campo trasportistico, ha fatto di tutti i popoli un unico mondo. Politicamente viviamo ancora suddivisi in settanta stati e quindi mondi, ma il mondo dei trasporti è da tempo uno solo e contribuisce a rendere l'idea di un'unica umanità un po' meno astratta. Lo sviluppo moderno ha comportato anche la meno piacevole conseguenza che le malefatte si ripercuotono subito sull'intera rete senza risparmiare nessuno. La politica internazionale corre incessantemente il pericolo di tramontare e pone le sue ultime speranze nell'armonia dell'etica. Quanto prima era solo un'intuizione di pochi spiriti religiosi o il frutto di determinate correnti di pensiero, diventa ora, di fronte alla realtà delle bombe atomiche e delle altre armi di distruzione di massa, concreto e ovvio per tutti. L'umanità non è più un termine astratto, ma ha acquisito uno spessore reale come l'individuo e la nazione. Prima gli individui e le nazioni potevano permettersi di passare da un equilibrio labile a un altro, cosa che veniva eufemisticamente definita "balance of power", ma oggi siamo di fronte all'abisso e dobbiamo solo decidere se sprofondarvici o se salvarci scegliendo senza paura la stabilità dell'armonia, l'equilibrio dell'etica.

La stabilità etica è auspicabile perché fa parte dell'essenza dell'umanità. Quello che dovremmo fare deve trasformarsi in quello che dobbiamo fare. Possiamo permetterci di deviare dall'equilibrio per un po', ma dobbiamo poi riacquistarlo per non precipitare.

Dal punto di vista del diritto dei popoli il fondamento di ogni stabilità politica è teoricamente riconosciuto nell'etica. "Justitia fundamentum regnorum", ovvero la giustizia è il fondamento degli stati. "Pacta sunt servanda", ovvero i patti devono essere rispettati. Questa è la formula per una pace raggiungibile attraverso i negoziati non violenti che presuppone che coloro che sottoscrivono il trattato abbiano doti di onestà, giustizia, fiducia, trasparenza, fedeltà, avvicinamento, tolleranza, in breve: carattere.

"Pacta sunt servanda" significa che dobbiamo impegnarci reciprocamente e liberamente. Si tratta di un altro modo per definire l'etica. Rispettare i patti significa impegnarsi a mantenere la pace. Parlando di un impegno libero cozziamo contro il concetto di libertà, uno degli altri temi centrali che sono oggigiorno fortemente dibattuti. Il concetto di sovranità presuppone che ogni stato sia libero di darsi un ordinamento giuridico e quindi scegliere la forma del suo governo e difendere la propria esistenza. La sovranità intesa come diritto di autodeterminazione dei popoli è un'altra forma di manifestazione della libertà. La libertà prevede un'ambivalenza data dalla scelta di unirsi e quella di separarsi, ovvero rompere l'unione. In questa sede parliamo di libertà politica e quindi presupponiamo che esista davvero una differenza tra libertà e assenza di essa. Chi invece è interessato al dibattito scolastico filosofico sul libero arbitrio può consultare l'ampia letteratura disponibile sul tema. Il determinismo meccanico che confonde l'uomo moderno con i suoi orologi e le sue macchine e dimentica che gli stessi orologi non si regolano da soli e le stesse macchine non si accendono da sole, è imparentato con il relativismo che priva l'individuo della propria umanità eliminando i concetti di responsabilità e colpa. Il determinista finisce per pensare di credere al determinismo perché la meccanica del suo cervello lo obbliga, dato che tutto è determinato, così come si convince che il suo oppositore, l'anti determinista che crede all'esistenza del libero arbitrio, lo fa perché è determinato a questo. Entrambi o, ugualmente, nessuno dei due hanno ragione. Esistono però numerose altre teorie che sostengono o negano l'esistenza del libero arbitrio, tra cui la teoria teologica della provvidenza, quella biologica dell'ereditarietà, quella sociale dell'ambiente. Per i nostri obiettivi ci basti stabilire che una pietra, sia essa ferma o in caduta, dipende dall'universo, ma che al contempo l'universo è costituito da simili pietre, ovvero atomi, e quindi dipende da ognuno di essi. Se la pietra si mettesse in testa di essere libera si sopravvaluterebbe, ma potrebbe comunque a diritto affermare di avere un ruolo personale all'interno del processo dinamico. È così che le piante e gli animali rispetto all'ambiente sono dipendenti, ma anche autonomi: l'ambiente da solo non crea piante e animali, ma li influenza. Nelle persone il fattore dell'autodeterminazione è più sviluppato che nel mondo fossile, vegetale e animale ed è per questo che parliamo di libero arbitrio, che si concretizza positivamente nei nostri desideri, speranze, obiettivi, manifestandosi come energia, sforzo, scelta oppure negativamente nelle nostre paure e negli ostacoli interni, psicologici o fisiologici manifestandosi come senso di obbligo e schiavitù.

Identifichiamo il nostro libero arbitrio generalmente con l'obbligo che imponiamo a noi stessi di mantenere le promesse, rispettare le leggi e i contratti cosicché quando contravveniamo a quest'obbligo abbiamo la sensazione di fare un torto a noi stessi e proviamo rimorso. "Pacta sunt servanda" viene applicato agli stati e quindi lo stato che non mantiene la parola non solo nuoce a sé stesso e alla sua unità etica, ma rompe il legame con gli altri stati provocando una grossa rottura nell'umanità.

Al principio etico di "Pacta sunt servanda" comunemente accettato dal diritto dei popoli di oppone nella pratica l'idea machiavellica che la politica sia il contrario dell'etica. Il mancato rispetto dei trattati, il tradimento, la falsificazione degli atti, la calunnia, le bugie dei diplomatici, il mantenere segrete le armi, lo spionaggio, l'assassinio, la guerra con la sua distruzione e lo sterminio di massa sono considerati mezzi per l'accrescimento dello stato e della sua fama. Abbiamo vissuto in due mondi paralleli. Sapevamo riconoscere un comportamento esemplare, disprezzavamo quanto nella vita privata riconoscevamo come disonorevole, rispettavamo la Chiesa e le sue incessanti prediche. Eppure in politica non siamo riusciti a rinunciare alla violenza e a scindere il concetto di sovranità dal diritto di agire troppo spesso contro l'etica. Questa vita parallela in due mondi opposti e contraddittori, ovvero quello dell'onestà della vita privata e quello amorale della politica è stata finora possibile. Si è ritenuto possibile conciliare il fatto che l'omicidio all'interno del proprio paese fosse un reato, mentre lo sterminio di massa in altri paesi fosse un dovere patriottico. Ma oggi la necessità di vivere in un unico mondo non emerge solo nel campo dei trasporti, ma anche in quello dell'etica. Pian piano emerge la consapevolezza che l'ideale di un unico mondo può essere realizzato solo curando prima la politica liberandola dal privilegio dell'amoralità. I privati non possono gettare bombe, ma i governi sì. Ma ora sono spaventati anch'essi all'idea che gli effetti della bomba atomica potrebbero ricadere anche sul proprio paese. Si parla oggi con un tacito orgoglio di un'era incredibile, l'era atomica. Certo è un'era incredibile la nostra, ma perché apocalittica e perché lascia nelle mani dell'uomo la facoltà di scegliere tra inferno e paradiso. Inferno e paradiso sono però metafore ormai prive di forza da lasciare al pulpito, sono monete consumate. Perché non nominare concretamente le forze politiche che si celano dietro tali concetti? Perché non parlare di inferno politico in terra o paradiso politico in terra?

È chiaro dove vogliamo arrivare. Guardiamoci però dal tacciare ogni autocrazia come inferno e definire ogni democrazia come paradiso. La realtà infatti non è solo data da elementi autocratici e democratici che si fondono tra loro, ma anche da fattori che non hanno nulla a che vedere con la politica. Ciononostante possiamo immaginare un'autocrazia ideale e una democrazie ideale e giudicarle con il metro di misura dell'etica assoluta. Dal momento che ci troviamo di fronte al possibile tramonto delle culture, dal momento che possiamo decidere se gettarci in una terza guerra mondiale o sforzarci di raggiungere una pace duratura, dal momento che riconosciamo che solo l'etica assoluta dell'autodeterminazione libera nel rispetto dell'umanità ci può salvare, dobbiamo decidere se optare per l'autocrazia o la democrazia e dobbiamo avere ben chiaro cosa significa l'uno e l'altro tipo di governo. Soltanto quando capiamo questo possiamo capire cosa possono significare dal punto di vista etico e quindi ai fini del bene dell'umanità una democrazia internazionale piuttosto che un'autocrazia internazionale.

4. ANARCHIA, DEMOCRAZIA E AUTOCRAZIA

Si definisce autocrazia quella forma di stato in cui un individuo comanda su tutti gli altri che obbediscono. Tale individuo è al contempo legislatore, massimo interprete della legge stabilita e generale massimo della guerra. Egli si pone oltre la legge, sebbene questo non significhi che il suo operato contravviene la legge in ogni momento. Pur concedendosi stravaganze, la sua dittatura può essere benefica per il popolo se le leggi sono valide e il popolo le rispetta. Non è detto neppure che l'autocrata emani tutte le leggi da solo; egli può appoggiarsi a consiglieri e impiegati che lo tengono a freno trasformandolo in una specie di re, sebbene l'autocrazia rimanga tale.

Questa forma di governo è opposta alla democrazia. La democrazia nella sua forma più pura altro non è che il governo di tutti, intesi, come ci insegnano la maggior parte degli esempi storici, come tutti gli uomini idonei al servizio militare. Tale forma primigenia di democrazia è possibile fintantoché gli stati sono piccoli e tutti i cittadini si possono riunire in un unico luogo per ascoltare le opinioni reciproche, come avveniva nei cantoni Uri e Unterwalden agli esordi della Confederazione svizzera. Ma man mano che lo stato cresce si rende indispensabile la suddivisione dei cittadini in rappresentanti e rappresentati e l'introduzione dell'elezione su base legale dei primi. Le singole democrazie si differenziano tra loro per i metodi elettivi e per una serie di pratiche accuratamente descritte nei libri di scienze politiche a cui si rimanda. Al fine di dare un'immagine più chiara dell'essenza della democrazia in generale citeremo tuttavia la definizione di James Bryce: "La parola democrazia è stata utilizzata fin dai tempi di Erodoto (VI, 43) per indicare quella forma di governo in cui il potere dominante dello stato non è riposto nelle mani di una o più classi specifiche, bensì risiede nella comunità nel suo intero. Questo significa che, tramite il voto espresso dalla comunità, in mancanza di unanimità il potere spetta alla maggioranza essendo questo l'unico metodo per definire in modo pacifico e legale quello che è il volere del popolo. Il termine nell'uso comune ha poi acquisito il significato che ora tutti conosciamo...". Bryce ha spiegato anche altri termini, come monarchia, oligarchia ecc. nonché singoli concetti di sua definizione come "political community" (comunità). Non ci soffermeremo qui sull'analisi delle sue altre varie definizioni, ma vogliamo citare il paragrafo conclusivo del capitolo sulla democrazia: "Sebbene i termini democrazia e democratico non indichino altro che una particolare forma di governo, essi hanno assunto in alcuni stati come gli Stati Uniti, il Canada e l'Australia un carattere sociale e quasi etico. L'aggettivo viene utilizzato per indicare quegli individui dall'indole semplice e pacifica abituati a relazionarsi in modo cortese; esso è sinonimo di "brava persona", e indica chi, indipendentemente dalle proprie ricchezze o dal proprio stato, non si attribuisce alcun diritto di superiorità mantenendosi umilmente al livello dei suoi meno ricchi e meno importanti vicini. È così che si è sentito utilizzare il termine "re democratico" per definire un monarca. ... La democrazia è al contempo il risultato e la garanzia di libertà e giustizia ed è proprio per la sua relazione con questi due preziosi valori che viene lodata a tal punto da porsi quasi al di sopra di ogni critica...".

Bryce sostiene quindi contemporaneamente la tesi che la democrazia è solo una forma di governo e la tesi che essa è invece molto di più, dal momento che ad essa viene associato un carattere sociale e quasi morale. Non vogliamo indagare oltre su questa contraddizione interna di Bryce, limitandoci a dire che egli intende definire probabilmente dapprima la forma della democrazia, e quindi il senso della stessa. Quest'ultimo si espleta nel pensiero etico di equità, libertà e fraternità, dimenticata da Bryce, che trova forma nel sistema delle elezioni maggioritarie che portano alla costituzione del governo e alla limitazione dello stesso. Il senso corrisponde alla faccia interna dell'istituzione politica, mentre la forma a quella esterna, quindi si tratta di due lati della stessa medaglia. In fondo sono sempre quei due lati della medesima medaglia visti in precedenza e dati uno dall'impostazione individuale del singolo e l'altro dall'organizzazione generale. Come dice Bryce, la democrazia non è associata casualmente all'etica, essa è fondamentalmente etica.

Dobbiamo concludere che l'autocrazia non sia quindi etica?

Non ha senso tacciare come anti etica la storia di migliaia di anni di politica solo perché i faraoni egizi, i re mesopotamici, i condottieri a partire da Alessandro Magno, gli imperatori romani nonché la maggior parte dei sovrani asiatici e russi erano despoti, talvolta persino crudeli. Innanzitutto doveva prima nascere e fiorire la democrazia perché essa potesse poi essere scelta dal popolo come alternativa. La creazione della democrazia non poteva avvenire se non in presenza di un popolo politicamente maturo, condizione che si creò di fatto per la prima volta solo nell'antica Atene. La democrazia, tradotta letteralmente come potere o dominio del popolo, è la forma più coraggiosa dell'autogoverno di quegli individui che non accettano di essere comandati da un'unica persona. Per le persone politicamente mature non è ammissibile pensare che una carica, soprattutto se ereditata, conferisca intelligenza, o quanto meno un'intelligenza superiore alla norma. Essi rifiutano il cieco assoggettamento, ma accolgono con favore la possibilità di eleggere a loro rappresentanti coloro che dimostrano spiccate capacità e intuito politico, rieleggerli in caso si affermino nel proprio ruolo o anche destituirli qualora si rivelassero inetti.

La libertà dell'auto governo di Atene, che valeva comunque solo per i liberi e non per gli schiavi, andò poi persa e ne rimase vivo solo il ricordo. Prima della democrazia ateniese la storia del mondo non fu che una successione di autocrazie che si combattevano e temevano; dopo divenne una storia di despoti che oltretutto temevano che la democrazia potesse riaffacciarsi. Autocrazia, tirannia, dittatura, sono tutte forme di governo uguali e non praticabili che hanno ragione d'essere solo laddove il popolo non sia politicamente maturo per darsi una forma di governo autonoma. Chiaramente è l'intero popolo, o per lo meno la stragrande maggioranza di esso, a dover essere maturo, non basta che piccoli gruppi si oppongano alla dittatura. Per i popoli che non presentano una sufficiente maturità politica la dittatura è talmente necessaria che anche se un piccolo gruppo riuscisse a rovesciarla questo finirebbe con l'instaurarne una nuova, così come si è assistito in Russia. Si è quasi tentati di scegliere quindi tra buoni e cattivi despoti. Sicuramente una tirannia può essere più o meno dura; vi sono stati buoni e cattivi imperatori nell'antica Roma; Bryce stesso ammette la possibilità che esistano re democratici, come è effettivamente il caso dei paesi scandinavi, ed è stato persino dichiarato che una buona dittatura è preferibile a una cattiva democrazia. Il fatto che una cattiva democrazia sia qualcosa di non auspicabile è ovvio. Anche di fronte alla scelta tra un buon tiranno e uno cattivo non si può che scegliere il primo. Ma la domanda deve essere allora posta in modo diverso: una buona democrazia è più auspicabile che una buona tirannia e una cattiva democrazia è pur sempre preferibile a una buona tirannia?

Ogni autocrata obbliga i propri sudditi a rinunciare alla responsabilità individuale, al proprio potere decisionale, alla facoltà di giudizio; ammaestra per così dire la comunità come se si trattasse di cani che devono obbedire ciecamente, imparando a memoria e ripetendo sentenze e pensieri, anche sbagliati, senza criticarli; pretende la costante devozione del popolo che vive nel costante terrore avendo come unica percezione di sé quella di un oggetto nelle mani del sovrano, privo di valore e dignità. L'autocrata riesce a garantire tutto questo creando due classi di impiegati. La prima è costituita da terroristi al servizio dello stato, l'altra da propagandisti che portano l'opinione pubblica nella direzione desiderata, decidendo cosa ciascun sottomesso o schiavo debba ascoltare, leggere, pensare e scrivere. Lo spirito del popolo viene imprigionato e separato con filo spinato da quanto può essere definito progresso spirituale. Questa vecchia tecnica già in auge ai tempi dell'Inquisizione ha raggiunto nella nostra epoca i massimi picchi di virtuosismo.

Gli uomini liberi raramente riescono a capire i propri simili non liberi che si assoggettano al volere altrui offrendo addirittura i propri servigi al dittatore. Eppure simili individui sono sempre esistiti. In milioni hanno accolto con favore i re e gli imperatori delle epoche passate, così come Napoleone, che non era tra i peggiori, e altri condottieri in quanto portatori di ricchezze, serenità e fama nazionale. Molti aderiscono alla dittatura perché credono di poter sfruttare la situazione, altri perché sono accecati dal terrore, molti perché non sono in grado di contrastare alcuna corrente di pensiero o flagello, altri ancora perché non hanno alcuna facoltà di giudizio politico, alcuni infine per puro entusiasmo e fanatismo che li porta a credere che la dittatura sia l'unica strada percorribile. Le prigioni della nostra epoca, così come i terribili campi di concentramento e le fabbriche di morti erano un inferno per le vittime, ma non per i guardiani. In fondo per il diavolo l'inferno è il paradiso. E sono proprio questi diavoli a porre il proprio sadismo al servizio del dittatore. Essi sono convinti di poter sacrificare quante vittime ritengano necessario se questo è previsto dall'ideale del dittatore e sanno anche con fredda precisione che possono continuare a fare il proprio comodo senza finire in prigione solo fintantoché il dittatore è al potere. Ecco come il relativismo dell'etica viene sfruttato a proprio favore da coloro che desiderano esprimere i propri istinti disumani e animali. La disumanizzazione ai nostri giorni è un atavismo. La letteratura etnografica offre un'impressionante quantità di usanze primitive praticate ai tempi in cui l'umanità non era ancora un'istituzione. Questa umanità esisteva solo nei rapporti di maternità, paternità, seppure più di rado, e fanciullezza finché si era piccoli. I dittatori moderni non fanno altro che tornare a questa condizione di disumanità, in parte anche perché temono la crescente maturità del proprio popolo assoggettato. La crudeltà è solo un mezzo e un sintomo: ma non siamo forse oggi ormai giunti al punto di capire che ogni autocrazia, buona o cattiva che sia, è un atavismo, un fossile politico?

Il fatto che continuino ad esistere persone il cui unico desiderio è quello di salire su un trono non è solo un problema psicologico in sé, ma è un problema di dinamiche sociali. Non possiamo liquidare facilmente i dittatori parlando semplicemente di immaturità politica, sete di potere, plauso, culto della propria persona e gretto esercizio del potere. Non si tratta solo di una carica esistente o che si impone fino a risucchiare la propria vittima che finisce per identificarsi, sostituirsi e fossilizzarsi per vanità con la carica stessa. Trovarsi nel ruolo di dittatore è una tragedia personale. Il dittatore diventa infatti vittima della sua stessa immaturità politica, oltre che dell'immaturità del popolo. Ed è per questo che il colpevole non è mai il dittatore soltanto, se proprio si vuole parlare di colpa. Oggettivamente non si tratta di colpa, bensì di livello di maturità. La storia dell'umanità non è una discesa dall'innocenza del paradiso alla crescente cattiveria, bensì un'ascesa dalla condizione animale a quella di essere umano, quindi un lento processo di maturazione puntellato di ricadute. L'etica nella politica o, ugualmente, nella democrazia, deve essere prima scoperta e poi imparata. La democrazia non conosce il concetto di superiorità ed è pronta ad aiutare coloro che si trovano ancora in uno stato di schiavitù, sottomissione e terrore per farne veri esseri umani.

La democrazia di base apre le porte delle cariche politiche a tutti i cittadini, e quindi anche agli asociali dal momento che anche negli stati democratici esistono ancora tante persone immature. Ecco quindi che la democrazia è sempre potenziale vittima della corruzione. Essa non è quindi meglio di un'autocrazia se guidata da pseudodemocratici o criptofascisti. Ciononostante la democrazia, anche se cattiva, rimane preferibile all'autocrazia perché può essere risanata grazie alle leggi in vigore, mentre l'autocrazia può essere cancellata solo da una rivoluzione. La corruzione in una democrazia, così come la discriminazione per le persone di colore e l'influenza della plutocrazia nella radio e nella stampa, danneggia le persone coinvolte, ma non il principio di democrazia stesso. Le due forme di governo si differenziano anche per i propri metodi educativi. Dobbiamo comunque riconoscere che la dittatura russa ha fatto molto per l'istruzione del popolo, sebbene univocamente. Molto peggiore è l'atteggiamento autocratico nei confronti dei popoli coloniali esercitato da alcune democrazie, sebbene sia da notare che il popolo coloniale continui a prestare il proprio lavoro schiavo senza nemmeno avere l'opportunità di imparare a leggere e scrivere.

Autocrazia e democrazia sembrano essere in ogni loro aspetto una l'opposto dell'altra, ma in realtà non è così: entrambe si basano sull'idea che sia necessario un governo e quindi sono accomunate dall'opposizione all'anarchia. L'anarchico è, secondo la dottrina più antica, colui che si oppone a qualsiasi forma di governo ritenendo che solo così può esprimere pienamente sé stesso. Come è noto, gli anarchici fanno parte della poco chiara categoria dei delinquenti, sebbene non sia semplice annoverarli tra essi. È stato ironicamente detto che le bombe che i governi si impegnano a gettare legalmente sono molte di più di quelle che gli anarchici riescono a fabbricare con i propri mezzi limitati. La dottrina anarchica più recente si basa sull'idea che l'armonia derivi dall'interazione sociale spontanea. Il pensiero anarchico desidererebbe annientare lo stato per il bene dell'individuo, al contrario dell'autocrazia che invece auspica all'annientamento dell'individuo a favore dello stato. Anarchia e autocrazia sono esattamente l'opposto l'una dell'altra. La democrazia si posiziona a metà tra esse promuovendo l'equilibrio armonico tra individuo e stato. Anarchia e autocrazia sono i due poli anti etici tra cui si pone la democrazia con il suo equilibrio etico. Chiaramente in una democrazia esistono sempre alcune tendenze che disturbano questo equilibrio minacciando di farlo pendere più da una parte piuttosto che dall'altra e, tra i due, il polo autocratico dello stato totalitario esercita un'attrazione sempre più forte rispetto all'anarchia. Talvolta poi questi due oppositori della democrazia si uniscono contro di essa costruendo un'alleanza però labile e non duratura.

L'anarchia viene annoverata tra le forme di governo, per quanto questo possa sembrare un paradosso. Le diverse forme di governo vengono infatti catalogate sulla base di numeri e quando si fa la differenza tra il governo di una, di alcune o di tutte le persone non si può dimenticare lo zero. L'anarchia è infatti il governo di nessuno. Questa tesi può essere tenuta in piedi secondo la logica che l'anarchia non si riferisce a nessun campo preciso, quale può essere la medicina, l'edilizia, la filologia ecc., bensì al governo e sostiene le proprie tesi in nome dell'etica, sebbene si tratti di un'etica errata, univoca, orientata ai soli doveri che l'uomo ha verso sé stesso o al dogma dell'autoregolazione spontanea della società.

L'importanza della riflessione condotta finora emerge quando la si applica all'idea di un governo internazionale. Il nostro attuale governo internazionale non è altro che un governo internazionale assente, quindi di fatto stiamo vivendo in un'anarchia internazionale. Molti individui vanno matti per quanto è irrazionale e anti razionale. È certo un esempio lampante di irrazionalità il fatto che tutti i governi, siano essi autocratici o democratici, rinchiudono o uccidono gli anarchici se solo questi tentano di prendere la parola all'interno dello stato per comportarsi poi però in linea con i più basilari principi dell'anarchia quando si riuniscono tra loro. La loro sovranità in fondo non è altro che una bella parola che equivale però ad anarchia degli stati. Per quanto queste persone amino l'irrazionale, quando si rendono conto di questo stato in cui vivono non si sentono a proprio agio. Se si decidessero a superare l'antipatia che provano contro il pensiero razionale dovrebbero rifiutare l'anarchia in ogni luogo. Gli anarchici ritengono che una vita priva di stati sia il paradiso in terra. È una perdita di tempo discutere con loro, ma basta controbattere loro: non sono forse seimila anni che sul piano internazionale viviamo in un'anarchia? E vi sembra questo il paradiso?

L'anarchia è un pensiero politico a senso unico. Si basa sulla formula addizionale vista in precedenza di a + b + c + d + ecc. e nasce quindi da una divisione in parti anziché dal tutto, considerando tali parti come diversi tutto a sé stanti. L'anarchia è un errore, ma ciò non vuol dire che si debbano disprezzare gli anarchici ragionevoli, che esistono. Dove arriveremmo infatti se dichiarassimo delinquenti tutti coloro che sbagliano? Non si deve quindi considerare un'offesa definire le Nazioni Unite un'organizzazione anarchica, come oggigiorno fanno molti a malincuore, sperando che tale anarchia internazionale si possa trasformare in... in cosa?

La trasformazione non può che essere un'evoluzione in un'autocrazia o una democrazia. Si tratta di una scelta che esiste solo in teoria, perché nella pratica è impossibile creare un'autocrazia internazionale. Se avesse vinto il cosiddetto Asse, molto probabilmente l'Italia sarebbe stata messa da parte e Giappone e Germania si sarebbero contese il dominio del mondo in occasione del loro incontro in India, o dovunque avrebbe esso avuto luogo. Il vincitore avrebbe quindi considerato l'intera storia del mondo come una catena di eliminatorie voluta da Dio per affidare in ultima istanza l'umanità schiavizzata alla guida della razza dominante. Oggi sono in molti a pensare che esistano effettivamente due stati che si stanno preparando alla battaglia finale, ma la situazione è in realtà molto più complessa. Posto pure che si arrivi realmente a una simile battaglia finale, essa non sarebbe per nulla conclusiva perché porterebbe alla creazione di uno stato globale dove al posto delle guerre mondiali vi sarebbe una serie infinita di guerre civili. Non è possibile giungere alla fine delle guerre con altre guerre; soltanto attraverso la pace si può arrivare alla pace duratura. Un'autocrazia internazionale non potrebbe durare a lungo, ma la sua sola creazione costituirebbe una minaccia per la cultura e per la successiva esistenza dell'umanità. Il fantasma di una terza guerra mondiale con aggressioni a mezzo di bombe atomiche e armi batteriologiche e chimiche e tutte le armi di ultima generazione si unisce nella fantasia di molti alla paura di una dittatura internazionale e, temendo che un governo internazionale potrebbe facilmente degenerare in una dittatura internazionale, si oppongono all'idea stessa di governo internazionale. Dimenticano così che stanno vivendo nell'anarchia e che quest'ultima non è certo migliore che un'autocrazia; dimenticano altresì che abbiamo la possibilità di scegliere un governo internazionale democratico e costruirlo in modo tale che sia impossibile ribaltarlo in un'autocrazia.

È veramente credibile una simile costruzione? Si può garantire che una democrazia internazionale rimanga tale? La democrazia è il governo del popolo, quindi è al popolo che spetta la decisione. È il popolo che deve deporre i tiranni e rimanere vigile affinché il proprio governo non cada nelle mani di usurpatori. È sbagliato caldeggiare per una dittatura del proletariato: noi non vogliamo una dittatura di alcun tipo, bensì un governo responsabile, eletto da un popolo responsabile. Non vogliamo il dominio di una classe, casta, partito o gruppo, quindi di una minoranza, bensì il governo del popolo tutto e, quando diciamo di volere un governo internazionale, intendiamo con questo un governo democratico, eletto dal popolo e protetto dal popolo.

Ecco che emerge quindi una nuova questione: chi è il popolo, e chi è popolo internazionale?

5. POPOLO E GOVERNO

Nell'abbinamento delle parole "popolo e governo" la parola popolo non vuole avere un significato etnologico. Dal punto di vista etnologico, infatti, sia il popolo che il governo possono appartenere alla stessa comunità, oppure la classe dirigente può appartenere a un popolo conquistatore. Le due parole sono qui invece usate per spiegare una differenza o opposizione, ovvero quella tra governanti e governati, tra coloro che ordinano e coloro che obbediscono. Coloro che ordinano hanno il compito di formulare e applicare le leggi. Il governo quindi comprende oltre al parlamento che ha il potere legislativo anche la ramificata gerarchia di organi esecutivi, detta burocrazia. L'immagine comune è quella di due poli definiti da un governo al vertice e il popolo alla base, con un ampio strato intermedio che obbedisce ai comandi dall'alto e ordina a sua volta al basso. Il tono di questa burocrazia nei governi autocratici è arrogante e intimidatorio, a volte anche benevolmente patriarcale, mentre nelle democrazie dovrebbe essere più umano e paritario. Più è definita l'autocrazia, più la burocrazia tende a contare sulla classe dirigente e imporsi sul popolo, mentre al contrario più definita è la democrazia, più la stessa classe tende verso il popolo. Mentre l'autocrata tende all'isolamento, i vertici della democrazia rimangono relativamente vicini al popolo e, data la limitazione della durata dell'incarico loro affidato, i governanti sono obbligati a tornare a far parte del resto del popolo a incarico concluso, così come altri membri del popolo devono essere pronti a elevarsi a livello di governanti. Sebbene i suoi membri cambino regolarmente, anche il governo democratico resta però circondato da un'aura di autorità che lo pone comunque al di sopra del popolo. All'interno dello strato burocratico vi sono uffici che richiedono conoscenze tecniche specifiche e che non è necessario cambiare ogniqualvolta viene cambiato governo. Tali uffici garantiscono in alcune democrazie la stabilità burocratica che, al di sopra delle varie ondate politiche, assicura la continuità dell'amministrazione e dello sviluppo, ma che può al contempo rivelarsi una fonte da cui può emergere il sabotaggio del progresso e un'eventuale reazione. Negli Stati Uniti anche gli uffici minori devono essere ricoperti da esponenti del partito al governo.

Con governo in senso stretto intendiamo però quei vertici politici decisionali che impartiscono le direttive che regolano il comportamento dello stato nei confronti degli altri stati nonché la distribuzione dei beni tra i cittadini e i loro vari strati sociali. Il confine di questo governo verso il basso non è ben definito: la burocrazia si estende fino ai gradi inferiori e persino nelle autocrazie i suoi rami più bassi sono piuttosto vicini al popolo di coloro che non possono che obbedire.

Il popolo inteso come l'insieme di persone che obbediscono è parimenti suddiviso in strati. In questo caso si tratta di una sorta di ordinamento privato. Ogni impresa che impiega dei collaboratori ha un suo governo privato, i suoi organi legislativi ed esecutivi e persino i suoi uffici giuridici. Anche all'interno delle imprese esistono diversi livelli con condizioni diversificate di assunzione e promozione, stipendi diversi e una durata definita dell'incarico. Ecco quindi che ai governi privati dei magnate dello stagno, dei grandi petrolieri, dei banchieri e dei grandi latifondisti si oppone il popolo privato degli impiegati, dei lavoratori agricoli, dei falegnami, degli operai, ecc. In tutte le categorie imprenditoriali i vari livelli rispecchiano a livello sociale ed economico quelli della burocrazia statale. Le classi e caste delle due piramidi sono collegate orizzontalmente tra loro. Essere allo stesso livello corrisponde ad avere i medesimi interessi in campo economico e sociale e quindi simili obiettivi nel campo della politica interna. Da qui deriva la tensione tra sopra e sotto, ovvero tra quei pochi che comandano e i molti che obbediscono ed eseguono, che si avvicina al vero senso della dualità tra "governo e popolo". La cosiddetta "classe dirigente" è data dall'unione tra gli strati più alti del governo e la parte del popolo che costituisce lo strato dei governi privati. Nel linguaggio dei partiti politici degli stati democratici o a governo parlamentare non si parla di sopra e sotto, ma di destra e sinistra.

Anche all'interno delle democrazie la classe dirigente tende a mantenere quei privilegi ereditati dall'epoca autocratica, nonché ad assicurarsene di nuovi. Entrare a far parte della classe dirigente è di per sé un privilegio e lo spirito in essa dominante rende difficile l'ingresso degli arrampicatori sociali. All'interno di queste cerchie si osserva la deliberata o inconscia tendenza a rifiutare eventuali progressi, nonché a caldeggiare discriminazione e conservativismo fino ad arrivare al reazionismo che auspica al ritorno alle condizioni passate quando era più facile ereditare e moltiplicare i privilegi. In breve, i partiti di destra hanno una tendenza più autocratica e quelli di sinistra più democratica, sebbene questo non significhi che questi ultimi siano sempre liberali e tolleranti.

Nelle autocrazie, meno sono le persone nelle cui mani si concentra il potere decisionale, minori sono le dimensioni della classe dirigente e maggiori quelle del popolo. A livello sociale sono queste poche persone che definiscono il tono mentre alle classi assoggettate resta ben poco tempo per occuparsi dei valori della vita. Secondo quanto detto si potrebbe parlare di una potenziale autocrazia della classe dirigente in ogni democrazia e di una potenziale democrazia e maturità rivoluzionaria in ogni autocrazia. Le ali estreme dei partiti di destra e di sinistra sono spesso tanto vicine tra loro che anziché una suddivisione partitica lungo una linea retta si potrebbe immaginare un allineamento circolare degli stessi. La potenziale disponibilità a tradire il principio in cui si crede porta spesso al rovesciamento del governo. La rappresentazione grafica di destra e sinistra vede come detto la suddivisione dei relativi partiti lungo una linea retta, ma in presenza di scontri verbali, lotte di partito e manifestazioni si assiste a una sorta di piegamento ad arco di questa linea che avvicina destra e sinistra fino ad arrivare al caso limite in cui le due estremità si toccano. Ma l'immagine descritta non basta a coprire tutte le possibilità; la rivoluzione russa di Lenin, ad esempio, nacque come un movimento di sinistra basato su principi fortemente etnici con obiettivi principalmente democratici, ma le trasformazioni che ne seguirono cambiarono lo spirito della rivoluzione. Quello che oggi viene definito democrazia popolare, una tautologia se vogliamo, dato che il "demos" non è altro che il popolo, dovrebbe paradossalmente essere chiamato autocrazia popolare, ovvero dittatura del proletariato, anche se al popolo rimane in realtà ben poco da dettare. Ma quei gruppi di sinistra dallo spirito rivoluzionario inizialmente oppressi, da quando sono entrati a far parte della classe dirigente sono diventati autocratici, tendendo così più verso destra. Essi credono di governare per il popolo, ma in realtà costringono autocraticamente lo stesso popolo ad accettare quanto il gruppo originario, secondo i dettami di Marx, ritiene giusto. Ecco come si assiste a un miscuglio tra i principi della democrazia e l'autocrazia come forma di governo.

Senza voler esporre una sociologia completa e senza peraltro poterlo fare in questa sede, vogliamo completare quanto detto in merito alla destra e alla sinistra nell'ambito della politica interna con altre due osservazioni, la prima relativa al ruolo sociologico dell'esercito e la seconda relativa al ruolo delle libere professioni.

La casta dei guerrieri e la cavalleria sono state sostituite dagli attuali eserciti nazionali, sebbene all'interno di ogni esercito esista una gerarchia ben definita e piuttosto aspra dal momento che il concetto di ordini e ubbidienza è qui fondamentale per non morire. Il corpo ufficiale in ogni nazione è educato secondo principi autocratici che è altresì obbligato a rispettare, ed è portato ad avere una considerazione molto elevata di sé, tanto che ancora oggi in molti paesi costituisce un pilastro dell'autocrazia. Il termine "esercito democratico" sembra un ossimoro, sebbene con questo si intenda la sottomissione del corpo ufficiali e dell'intero esercito alle autorità civili, in opposizione al militarismo che vede un corpo ufficiali apertamente o celatamente dominante rispetto al governo civile. In quest'ultimo caso la massima autorità militare anche nelle democrazie non è il Presidente in carica, bensì il corpo dei generali. Ecco come la democrazia, al pari dell'autocrazia, si trasforma in un'autocrazia militare. Dal momento che i generali vogliono esercitare il proprio mestiere e dato che nei periodi di pace non hanno la possibilità di dimostrare il proprio valore, essi sono assai pericolosi per la pace stessa nel momento in cui assumono il governo, in modo aperto o velatamente. Gli esempi nella storia abbondano. I generali vittoriosi che hanno assunto poi il governo in qualità di autocrati sono stati molti, talvolta capaci, talvolta meno capaci. I generali vittoriosi possono, come fece Napoleone, ribaltare la democrazia; essi possono, come Wallenstein, diventare pericolosi per i regnanti stessi oppure ritirarsi a vita privata come veri democratici. Ma per quanto si possano operare differenze, il corpo ufficiale di per sé rimane una casta di stampo autocratico e con tendenze belligeranti. Finché esisteranno le guerre avremo bisogno di ufficiali, ma possiamo anche dire che finché esisteranno gli ufficiali, questi avranno bisogno di guerre.

In piena opposizione a questa casta abbiamo poi la classe delle libere professioni, dove il dualismo tra ordinare e obbedire è ridotto al minimo. Gli artisti, i compositori, i poeti, gli scrittori, gli avvocati, gli scienziati, gli ingegneri, gli inventori, i ricercatori e i filosofi sono padroni di sé stessi, al contempo comandanti e sudditi delle proprie decisioni. Come tutti, anch'essi sono sottoposti alla legge dello stato, ma nella propria professione sono liberi, sempre che non operino all'interno di un ufficio aziendale o istituzionale come la scuola, la Chiesa ecc. Il criterio decisivo che stabilisce l'appartenenza di un individuo a questa classe sociologica è la produzione intellettuale che di per sé non può essere coatta. La dipendenza economica di queste persone, che spesso vivono in condizioni di povertà, può avere effetti corruttivi, ma anche laddove essi lavorino presso uffici che assicurano un introito economico, artisti, scrittori e professori sono obbligati nei regimi fascisti e totalitari a rinunciare alla libertà della propria professione per porsi al servizio della propaganda del dittatore o datore di lavoro di turno. Quando invece all'interno di una democrazia i liberi professionisti godono realmente della libertà di rendere conto unicamente a sé stessi e di decidere cosa fare o meno nell'interesse della comunità, allora essi diventano la classe democratica per eccellenza. È da questa classe che da sempre provengono le guide intellettuali, sia buone che cattive. Anch'essi nel loro regno intellettuale sono re, ma almeno lo sono solo dal punto di vista intellettuale. Spesso trovano il loro popolo solo dopo la loro morte dal momento che in vita erano troppo avanti rispetto al popolo. Dal momento che anche la politica è una sfera intellettuale, è da questa stessa classe che emergono anche le vere guide politiche. Con questo termine intendiamo gli etici, i filosofi, i teorici della politica e delle scienze politiche, nonché gli economisti che descrivono come l'economia dovrebbe essere anziché descrivere come essa è. Certo le qualità intellettuali e creative possono esistere al lato di quelle pratiche, ma molto più spesso accade che i politici dotati di senso pratico siano meno originali e costituiscano solo il braccio operativo della mente di un filosofo ormai dimenticato. Ecco perché i cattivi filosofi e i cattivi teorici, che a prima vista sembrano pagliacci inoffensivi, possono rivelarsi pericolosi, così come invece i buoni filosofi e teorici hanno effetti estremamente benefici quando trovano persone che riescono a trasformare le loro teorie in pratica. La storia del mondo può essere vista e descritta come semplice successione di fatti, ma diventa storia intellettuale quando si scava al suo interno e la si studia dal punto di vista delle decisioni politiche che hanno determinato il suo corso. Una vera disciplina storiografica deve quindi essere i grado di collegare i due aspetti cercando i collegamenti che vanno dall'esterno all'interno.

Come quando si parla della storia, anche quando si tratta il presente dobbiamo cercare questi fili conduttori che uniscono quanto avviene in superficie con quanto si sviluppa nei retroscena. La versione materialistica della storia commette l'errore di considerare i principali attori come marionette e le leggi che la dominano come frutto della natura. Così facendo si dimentica completamente la libertà dei politici di ogni grado che agiscono in primo piano, così come la libertà dei pensatori che agiscono sullo sfondo, arrivando al punto in cui i politici non possono far altro che obbedire ciecamente alle tesi materialistiche producendo una storia puramente materiale. La dottrina storiografica ci porta a riconoscere che i rappresentanti delle libere professioni sono di importanza fondamentale per il tema popolo e governo. Essi sono il popolo dei governanti nascosti; fanno parte del popolo e non del governo, ma governano i governanti mediante la propria produzione intellettuale e la propria critica. Vi sono alcuni casi in cui una persona intellettualmente produttiva riveste al contempo una carica governativa, come ad esempio Goethe, mentre in altri casi gli effetti della produzione intellettuale sono solo indiretti. I moderni fisici che hanno contribuito alla scoperta della struttura dell'atomo ne sono un esempio.

La fisica si pone a prima vista al di là del bene e del male. Anche la ricerca ha una sua etica, essa si basa infatti sulla ricerca della verità. In tutte le scienze e anche in filosofia il punto di partenza è l'oggettività che supera le proprie aspirazioni personali. La scienza richiede carattere. Sotto il regime fascista e nazista la scienza è stata limitata, talvolta messa del tutto a tacere. Lo scienziato deve rendere pubbliche le proprie scoperte; egli non deve essere vanitoso né avido; nella cerchia degli scienziati infatti non vi è vergogna maggiore che il furto di una scoperta. Questo tipo di moralità si applica per così dire alla politica interna degli scienziati, ma è quando gli esterni, soprattutto i politici, mettono le mani sulle scoperte che emergono i conflitti con il mondo esterno. Le ricerche sulla struttura dell'atomo non avevano nulla a che vedere con l'etica, ma gli scienziati si sono trovati a doversi confrontare con la propria coscienza quando i risultati del proprio lavoro sono stati sfruttati dall'esercito per la distruzione di città. Fondamentalmente l'applicazione distruttiva dei risultati dello studio della natura a fini costruttivi è antica quanto lo studio della natura stessa; la novità risiede nel fatto che oggigiorno siamo tutti minacciati. E ancora una volta ci scontriamo con il concetto di "tutti".

Il concetto di "tutti" è oggetto di una critica di tipo etico.

I fisici si sentono al contempo innocenti e corresponsabili e iniziano ora a interessarsi alle questioni di politica internazionale ampliando i propri orizzonti prima limitati alla fisica atomica, alla teoria delle onde e all'astrofisica. Dal momento che si sono rivelati grandi menti, molti pensano di poter affidare loro anche il compito di risolvere gli attuali problemi politici, sebbene questi non abbiano a che fare con la natura morta, bensì con l'essenza spirituale. Certo la loro opinione è importante. Dobbiamo considerare questi studiosi e ricercatori come popolo?

Gli scienziati di qualsiasi facoltà sono nella loro struttura sociale interna sia repubblicani che democratici, ma questo non significa necessariamente che i singoli individui siano a tal punto politicamente maturi da poter essere definiti repubblicani o democratici. All'interno delle università esistono diversi gradi che obbediscono a logiche di età o successo, ma tutti nell'ambito di queste cerchie sanno riconoscere la differenza tra uno studioso dotato e uno meno promettente, indipendentemente dalla sua età, dal rango e dallo stipendio che percepisce. Ciononostante, sebbene ognuno riconosca dentro di sé tali differenze, i gradi sono determinanti e fanno sì che coloro che appartengono a quelli più alti si sentano come campioni olimpici del proprio settore. La suddivisione in gradi contribuisce a sottolineare il carattere degli studiosi che sono quindi spesso conservatori, nazionalisti e reazionari. Quand'è così di certo non possono essere annoverati tra il popolo, un concetto che oltretutto rifiutano fortemente. Fanno allora parte del governo? Al massimo si può dire che essi sostengano il governo di stampo nazionalista e reazionario, alimentando uno spirito bellico all'interno della comunità studentesca, contrapponendosi alla democrazia e al socialismo, o almeno questo era quanto avveniva nelle università tedesche e austriache. Non è vero ovunque, ma, sempre senza generalizzare, è una riprova del fatto che il carattere fondamentalmente democratico di tutta la scienza reale e priva di preconcetti non basta a fare dei singoli scienziati persone di carattere. Quando però si è in presenza di un grande fisico che è al contempo un vero democratico e un reale pacifista si dovrebbe prestare un orecchio critico alle sue opinioni.

Queste osservazioni servono a chiarire il concetto di "popolo". Fino ad ora abbiamo operato due differenze, ovvero tra popolo e governo e tra destra e sinistra. Si tratta di differenze che possono essere combinate tra loro: esistono governi di destra e governi di sinistra, così come esiste all'interno del popolo una parte di destra e una di sinistra. Il corpo ufficiale di per sé rientra nel gruppo orientato a destra, l'insieme dei liberi professionisti invece in quello orientato a sinistra. Così come vi sono eccezioni tra gli ufficiali, come si osserva in America, dove lo spirito di questo corpo è piuttosto democratico e lontano dall'acquisire uno stampo prussiano dall'oggi al domani, anche tra i liberi professionisti vi sono destrorsi in campo politico, nonostante l'essenza liberale della professione stessa, l'amore per la verità, l'onestà e lo stampo altruista che li caratterizza. La formula "governo e popolo" rischia di portarci su un sentiero sbagliato. Il popolo infatti non necessariamente si oppone al governo, qualora quest'ultimo non sia autocratico o ad esso ostile. Il governo può essere un governo del popolo. Questo in effetti è il significato della parola demo-crazia, ovvero governo del popolo. Il popolo è l'ampia massa della moltitudine. Sbarazziamoci quindi della formula fuorviante di governo e popolo in opposizione. Il popolo inteso come l'insieme di coloro che caldeggiano la creazione di un governo internazionale per mano del popolo è costituito da tutte le persone democratiche di tutte le nazioni.

Questa interpretazione si ricollega con l'ammissione che la democrazia non sia che la realizzazione dell'etica assoluta nella politica. Popolo sono quelle persone che non vogliono la guerra perché non comporta che miseria, che non promuovono la sovranità esterna, ma che desiderano pace, giustizia, negoziati e tolleranza. In questo senso il popolo è costituito dalle persone di buona volontà. Non chiediamoci qui cosa sia la buona volontà e chi decide chi sono le persone di buona volontà, perché questa è una domanda che solo le persone in cattiva fede possono porre. La buona volontà non è altro che il desiderio di essere etici e la volontà di realizzare quanto si dovrebbe realizzare, inteso questo come tutto ciò che porta beneficio alla comunità nel suo intero, che promuove la vita, che è produttivo e costruttivo e che rende la vita preziosa. Non facciamo finta di non capire. Non abbiamo bisogno di autorità che riconoscano le persone di buona volontà come tali in quanto tutti noi le riconosciamo dal loro operato che le distingue nettamente dai vicini in cattiva fede. E non tentiamo di inserire la teoria secondo cui il male sia necessario affinché i peccatori possano avere la possibilità di redimersi: chi condivide questo pensiero non ha bisogno di affrontare una guerra mondiale, ma può limitarsi anche ad osservare la vita privata quotidiana che offre sufficienti occasioni di sofferenza e pentimento.

L'umanità è composta nella maggioranza da persone di buona volontà? Dove dobbiamo cercare il popolo, se questo è costituito unicamente dalle persone di buona volontà? Queste domande sono incomplete. Non siamo alla ricerca di persone senza peccato. Stiamo riflettendo sul significato della parola popolo in relazione alla politica internazionale; vogliamo capire cosa significhi questo termine per poter rispondere alla domanda successiva: cos'è il popolo internazionale?

La formula governo e popolo, così come quella di destra e sinistra, si riferisce prettamente alla politica interna, mentre la differenza tra persone di buona volontà e persone in cattiva fede si riferisce all'umanità nel suo insieme, all'insieme di tutte le politiche estere e si basa quindi su una decisione di tipo etico. Il popolo è costituito da coloro che rifiutano l'autocrazia perché aborrono i privilegi e che detestano questi privilegi perché desiderano giustizia: equità di fronte alla legge, equità d'accesso ai beni minori e massimi della vita, equità d'accesso a questi beni per tutte le persone, le razze e le nazioni. Abbiamo già sufficienti differenze date dal diverso orientamento di ciascuno, dalle diverse doti, dal carattere che rende alcuni più predisposti, altri meno al pensiero etico e alla vita sociale, alcuni più pazienti e padroni di sé. Ognuno di noi è diverso per queste caratteristiche, eppure abbiamo tutti gli stessi diritti umani che nessun dittatore, nessun burocrata, nessuna minoranza e nessuna maggioranza ci può togliere. Bryce ha spiegato con poche parole il perché la democrazia si basi su scelte operate dalla maggioranza: "perché non è stato trovato alcun altro metodo per determinare in modo pacifico e legale quale sia la volontà di una comunità non unanime.". Tutti siamo concordi nello stabilire quali siano i diritti umani, la questione che invece rimane aperta è se sia opportuno promuoverli a favore di tutti o se solo pochi privilegiati possano aspirare ad essi. Se fosse possibile indire una votazione al riguardo capiremmo immediatamente quali sono le persone di buona volontà e quali quelle in cattiva fede. Il popolo è l'insieme delle persone che auspicano alla crescita e al successo di tutti i popoli e che misurano la propria nazione e il proprio stato con lo stesso metro che adottano per tutti gli altri. Non è da tutti ragionare in questo modo; non è facile essere democratici o comunque non è sempre facile esserlo, ma lo si può imparare.

Questa interpretazione del concetto di popolo è di tipo sociologico, ma naturalmente il concetto è strettamente legato anche all'aspetto economico. Ci occuperemo di questo in seguito. Dal punto di vista sociologico, la parola popolo internazionale ci può portare a pensare all'Internazionale comunista, ma il comunismo russo odierno è un'autocrazia basata sul terrore e la violazione dei diritti umani. Sono i partiti democratici e socialdemocratici che dovrebbero unirsi per creare un governo internazionale, ma anche qui dobbiamo guardarci dagli errori. I socialisti sono ancora troppo legati all'idea della lotta di classe e non hanno ancora, almeno apertamente, riconosciuto che in politica internazionale non si parla di una lotta di classe, bensì di una lotta tra persone di buona volontà e persone in cattiva fede. L'idea di una lotta di classe è errata perché non è vero che tutti i borghesi sono cattivi e tutti i proletari buoni, cosa che in fondo nemmeno i socialisti credono, e perché l'umanità non è costituita dalle due sole classi dei datori di lavoro e degli operai. Nemmeno i membri dei partiti politici sono sempre angeli. Le generalizzazioni sono sempre errate, ma possiamo usare una tautologia: il popolo è costituito da coloro che sono a favore del popolo stesso, ovvero il popolo è costituito da coloro che si adoperano per il bene di tutti.

Tra questi figurano anche alcuni grandi imprenditori, indipendentemente dallo stipendio che percepiscono, perché la questione dei grandi profitti e dei grandi patrimoni è diversa. Le dimensioni di un'impresa non sono indice dell'amoralità della stessa. Ciononostante siamo meno propensi ad aspettarci un simile atteggiamento da queste persone, quindi non crediamo che saranno questi ad avviare la creazione di un governo internazionale. Confidiamo piuttosto nel popolo, dichiarando così di credere nel popolo internazionale, credere nell'umanità come crediamo in noi stessi. Non facciamo altro che appellarci all'onestà delle idee.

Negli Stati Uniti d'America nel mese di febbraio del 1947 ad Asheville, N.C., si sono riuniti alcuni grandi gruppi di persone a favore di un governo internazionale che si sono dati il nome di "United World Federalists": l'associazione conta ad oggi oltre ventimila membri. L'associazione riunisce persone di destra e di sinistra e tra i suoi simpatizzanti figurano personalità pubbliche, nomi importanti, uomini e donne di governo o vicini alle sfere governative. Attualmente il loro programma è ristretto e dominato dalla tendenza di sostenere le Nazioni Unite. Il potenziale risiede nei giovani, in un gruppo di studenti e nei veterani di guerra. Mentre in Germania dalla guerra di liberazione contro Napoleone la comunità studentesca si è allineata su idee reazionarie e nazionaliste, fino a cadere vittima delle illusioni naziste, mentre in Italia essa ha sostenuto il fascismo, negli Stati Uniti esiste una comunità attiva di studenti di stampo democratico e idee internazionali. Le nostre speranze sono tutte nelle loro mani perché saranno loro i portavoce e gli artefici di un governo internazionale: sono loro il popolo di cui siamo alla ricerca e sono loro che presto diffonderanno nel popolo queste idee. Il popolo infatti ancora non sa che spetta a lui il compito di governare e di garantire un ordine nel panorama della politica internazionale. Il popolo in Europa ne ha abbastanza delle guerre e delle conseguenze della politica dei latifondisti, dei generali e dei nazionalsocialisti seguiti dalla grande industria e dai giornalisti; il popolo vede quotidianamente attorno a sé le rovine, la fame, le piaghe, la criminalità, la mancanza di materie prime e trasporti, la miseria, la stanchezza e la mancanza di speranza, e sa che gli artefici di tutto questo sono state quelle cerchie di privilegiati che non potevano essere considerate parte del popolo. In Europa bisognerebbe quindi riunire il popolo e infondergli coraggio affinché si riconosca nella democrazia internazionale e nel governo internazionale accogliendo l'idea centrale di una camera di deputati internazionale. Il popolo è presente e deve essere solo risvegliato, deve riscoprire sé stesso.

Popolo e governo non sono due opposti: il popolo non è il contrario del governo, sia esso un buon governo o un governo cattivo. Il buon governo promuove la pace, la legge, l'equità per tutti e appartiene al popolo quando si tratta di un governo democratico e responsabile. Dalle riflessioni di questo capitolo emerge proprio il concetto racchiuso nel titolo: non il governo contro il popolo, non il popolo contro il governo, bensì governo e popolo insieme per il bene di tutti.

6. SENATO INTERNAZIONALE, CAMERA DEI DEPUTATI INTERNAZIONALE E MAGISTRATURA INTERNAZIONALE

La proposta di un senato internazionale e di una camera dei deputati internazionale non è nuova né isolata, al contrario fa parte della maggior parte dei moderni disegni per la costruzione di un governo internazionale. Un'eccellente panoramica sintetica dei principali piani di pace attualmente esistenti è contenuta nel libro di Edith Wynner e Georgia Lloyd "Searchlights on peace planes" (New York, 1944). I settantatré piani ivi trattati che coprono lo spazio temporale dal 1306 al 1914 sono senza dubbio interessanti e istruttivi, ma solo i circa sessanta piani successivi al 1914 rivestono un'importanza attuale. Un gruppo di esperti riunitisi a Chicago sotto la guida del professor Borgese sta al momento lavorando per stilare un nuovo piano basato sullo studio approfondito di tutte le costituzioni esistenti e di tutte le proposte di costituzione. Un singolo non potrebbe certo riuscire da solo a costruire qualcosa che potrebbe concorrere con il risultato che ci aspettiamo dal gruppo di Chicago, pertanto le considerazioni che seguono sono da considerarsi solo riflessioni in merito ai principi.

La maggior parte dei disegni moderni prevedono, come la costituzione americana, una suddivisione del governo internazionale nei tre rami legislativo, esecutivo e giudiziario. Per quanto riguarda il potere legislativo, alcuni propongono un sistema monocamerale, in pochi un sistema a tre camere e in maggioranza il sistema bicamerale. Laddove sia previsto un ramo legislativo del governo internazionale emerge la questione di quale principio seguire per l'assegnazione proporzionale dei posti ai delegati. La maggior parte degli architetti hanno semplicemente proposto che il numero dei delegati assegnati a ciascun paese debba essere proporzionale alla sua popolazione, quindi ad esempio un delegato ogni 500.000 abitanti, o per ogni milione di abitanti o ogni due milioni di abitanti. Questo però sfocerebbe in una camera le cui capacità governative sarebbero rallentate dall'elevato numero dei membri. Lo stesso principio, inoltre, ha un altro punto debole costituito dal fatto che non tiene presente la diversa maturità politica dei popoli. Herbert F. Rudd ha elaborato una proposta alternativa che, partendo dall'idea di un sistema unicamerale, limita fin dal principio il numero dei delegati a 400, suggerendo una rappresentanza equilibrata degli stati misurata in base a sei fattori: numero degli abitanti, volume del commercio estero in miliardi di dollari, volume dell'industria di acciaio in milioni di tonnellate, volume dell'industria elettrica in miliardi di kwh, tasso di mortalità come indice dello stato di igiene, e infine percentuale di coloro che sanno leggere e scrivere. Alcuni esempi risultanti da questi calcoli: Stati Uniti, 72 rappresentanti; Impero britannico, 46; Germania, 38; Russia, 35; Cina, 25; Francia, 15; Italia, 13; dieci stati del vicino oriente insieme, 7. Se si adottasse questo sistema, nessuno stato ad eccezione degli Stati Uniti sarebbe soddisfatto. Eppure il sistema sembra riprodurre in modo oggettivo le possibilità belliche di ciascuno stato, sebbene il parametro del numero di abitanti abbia forse un peso superiore a quanto Rudd ammetta, e sebbene potrebbe comportare possibilità di unioni militari tra i singoli stati al fine di aumentare le proprie possibilità qualora questo non fosse vietato per legge. Nonostante le critiche, è certo che il calcolo del numero dei delegati non può derivare unicamente dal numero di abitanti altrimenti ci troveremmo di fronte a un governo dove i popoli analfabeti e privi di industria, detenendo la maggior parte dei delegati, avrebbero nelle proprie mani il destino dell'umanità. Forse inizialmente essi opterebbero sempre per la pace dal momento o fintantoché non dispongono di un'industria della guerra, ma per lo stesso motivo non sarebbero in grado di garantire la pace fintantoché esisteranno gli eserciti, e non sarebbero in grado di contribuire alla costruzione di un apparato di polizia non appena fosse creato il governo internazionale.

Dal momento che il livello di maturità politica, industriale e culturale è tanto diverso nelle varie regioni della terra, alcuni architetti della pace propongono l'introduzione di federazioni regionali. Per avere un'idea di questo disegno basti prendere come esempio il piano di Richard Coudenhove-Kalerghi che propone una federazione europea comprendente tutti gli stati dal Portogallo alla Polonia ed eventualmente anche la Turchia e l'Egitto. La suddivisione dei seggi nella camera dei rappresentanti in questo caso dovrebbe essere calcolata in base al numero di abitanti. Nel caso dell'Europa, l'obiezione relativa a questo metodo di assegnazione sollevata da Rudd non avrebbe molto peso, sebbene il tasso di industrializzazione e alfabetizzazione all'interno dei singoli stati europei sia comunque sufficientemente diverso. Molto più peso ha altresì l'obiezione secondo cui la creazione di una Pan Europa, indipendentemente da come siano calcolate le quote di rappresentanza, porterebbe all'eliminazione delle guerre soltanto in Europa, ma non impedirebbe lo scoppio di una guerra condotta da questi stati uniti tra loro contro la Russia o altri stati. Ogni blocco di simile entità, come visto in precedenza, porta inevitabilmente alla creazione di uno o più blocchi opposti. A questa obiezione se ne aggiunge un'altra, valida anche per il disegno di Rudd, nonché per la maggior parte delle proposte oggigiorno avanzate. La camera dei rappresentanti internazionale descritta da Rudd, così come la più piccola camera dei rappresentanti europea descritta da Coudenhove-Kalerghi, dovrebbe rispecchiare al suo interno la suddivisione partitica presente nei singoli stati. Se la Pan Europa fosse esistita nel 1933, all'interno della sua camera vi sarebbero stati circa 80 nazisti tedeschi, 41 fascisti italiani ecc. se fosse stato eletto o comandato un rappresentante per ogni milione di abitanti e se si pensa che essa non sarebbe stata in grado di impedire l'avvento del nazismo ecc. Rudd e la maggior parte dei suoi colleghi hanno dimenticato il criterio fondamentale. Se abbiamo come obiettivo la pace e la democrazia, non possiamo aspettarci di realizzarlo con un governo internazionale di nazisti, fascisti o altri totalitaristi e militaristi. Il criterio principale perché un candidato possa essere eletto è la sua fede democratica e pacifista.

Il piano proposto da Clarence K. Streit offre chiarezza almeno su questo punto. Come già detto, questi proponeva nel 1939 una federazione regionale di stati, ma di stampo democratico. Inizialmente egli riconobbe quindici stati democratici sebbene più tardi, nel suo libro "Union now with Britain" del 1941, ridusse la sua lista ai soli Stati Uniti e all'Impero britannico. Entrambi i suoi libri sono una fonte di pensieri di eccellente qualità che hanno oltretutto contribuito ad ampliare le menti di molte persone sull'argomento, ma entrambi i piani si scontrano con la stessa obiezione che emerge di fronte a ogni simile disegno di stampo geografico, ovvero che la loro struttura comporta la creazione di blocchi e controblocchi, in questo caso di blocchi democratici e anti democratici che guarderebbero gli uni agli altri con paura e scetticismo. Il risultato non sarebbe che una ripetizione su grossa scala e con una nuova combinazione di quanto già conosciamo da millenni. Streit propone inoltre l'elezione di un rappresentante ogni milione di abitanti, aprendo così le porte anche ai rappresentanti dei sistemi totalitari, forse confidando nel fatto che essi siano però un numero esiguo, dato che egli limita la partecipazione alla federazione ai soli stati democratici, all'interno dei quali i fascisti, i comunisti e gli anti democratici dovrebbero essere pochi. La costruzione di Streit si basa sul principio corretto della centralità della democrazia, ma egli sbaglia poi quando rimane ancorato all'idea degli stati democratici senza elevare direttamente il suo sistema al livello successivo, parlando di persone democratiche.

In ogni stato democratico, oltre alle persone di simile stampo, vivono anche gli anti democratici, così come in ogni autocrazia oltre agli anti democratici vivono i democratici, sebbene parte dei quali in prigione. La democratica Norvegia ha avuto il suo Quisling, l'autocratica Spagna presenta forse al suo interno una maggioranza democratica, a Santo Domingo il 90% degli abitanti dovrebbero essere democratici, sebbene siano sottoposti a una dittatura che assassina migliaia di persone, cosa taciuta dalla stampa mondiale. La democrazia internazionale così come è stata definita inizialmente non può essere individuata mediante confini sulla Terra, perché il popolo democratico internazionale non vive separato dai propri antagonisti, ovvero gli autocrati e i loro seguaci. I confini tra democratici e anti democratici non sono di tipi geografico, bensì ideologico, e non separano interi stati, ma solo le singole persone. Dovrebbe essere introdotto un nuovo metodo nella cartografia per sottolineare con due colori diversi la densità delle due categorie all'interno dei vari stati. Si tratta però di un'impresa impossibile dal momento che non esistono statistiche sulla diffusione del vero spirito democratico.

La contemporanea esistenza di queste due tipologie di divisione dell'umanità, la prima in unità politiche, la seconda in ideologie politiche è il motivo per cui si rende necessaria una doppia rappresentanza, ovvero una che si esplicita attraverso il senato internazionale, rappresentante stati storicamente esistenti, democratici e non, e una attraverso la camera dei rappresentanti internazionale, rappresentante il numero di individui democratici. In questo modo si opera una differenza di ruoli tra i governi internazionali da una parte e il popolo internazionale dall'altra. Il senato internazionale è il teatro in cui i rappresentanti degli stati possono e devono far valere gli interessi particolari del proprio stato o della relativa classe dirigente, mentre la camera dei rappresentanti internazionale è il luogo in cui devono manifestarsi gli interessi comuni di tutta l'umanità. I contrasti tra le due principali categorie di governo non costituiscono un reale ostacolo perché le Nazioni Unite possano trasformarsi in un senato internazionale, dal momento che lavorano nella pratica proprio a dispetto di essi. L'inadeguatezza di questa nuova istituzione è bensì rappresentata dalla possibile rottura dei negoziati, da imputarsi non necessariamente agli stati anti democratici, ma possibilmente anche agli stati democratici qualora in essi emergessero tendenze imperialistiche o d'estensione legate a particolari gruppi. Una tale rottura dei negoziati non sarebbe possibile in presenza di un vincolo che obblighi gli stati all'unione e tale vincolo può essere soltanto la camera dei rappresentanti internazionale. È per questo che è un errore caldeggiare la trasformazione delle attuali Nazioni Unite in un parlamento internazionale che sarebbe solo una mezza misura che ci condannerebbe a rimanere nell'attuale stato di anarchia internazionale.

La camera dei rappresentanti internazionale si occuperebbe della discussione delle stesse questioni oggetto del senato internazionale, sebbene da un punto di vista apartitico dal momento che dovrebbe essere composta da democratici internazionali. La limitazione del diritto all'elettorato passivo per i candidati della seconda camera viene tacciata da alcuni come non democratica; questi giustificano il proprio giudizio appellandosi alla libertà di parola a cui tutti hanno diritto, ma commettono l'errore di pensare che la libertà di parola comprenda anche la libertà di parlare e operare contro di essa. Se il concetto di libertà di parola non è sufficiente a spiegarsi da solo, allora è possibile completarlo con un'aggiunta che viene sempre tralasciata perché logica: il diritto alla libertà di parola si applica a qualsiasi tema fatta eccezione quello della negazione di questo stesso diritto. Gli ultrademocratici sostengono davvero che chiunque ha il diritto di abusare della libertà di parola. È proprio questa tolleranza suicida che ha permesso e anzi aiutato i nazisti a diffondere le proprie dottrine totalitarie accattivandosi le masse a svantaggio delle minoranze con false promesse e incitazioni all'odio fino a riuscire a rovesciare il governo democratico di Weimar. Da quel momento monopolizzarono la libertà di parola nelle mani del partito, incarcerarono coloro che per mancanza di logica avevano approvato il fatto che la libertà di parola potesse portare al suo stesso abuso e ne uccisero poi molti. La mancanza di logica si rivelò essere una malattia mortale, cosa che i ministri democratici e socialdemocratici di Weimar scoprirono troppo tardi. Perché allora si eleggono a ministri persone che scarseggiano di logica?

Coloro che si oppongono a questo punto di vista, ovvero al fatto che la libertà di parola debba limitare sé stessa, si appellano all'esempio dell'Inghilterra, dove accadde che un fascista inglese tenne davvero un discorso nell'Eastend londinese, ma fu deriso dalla folla radunatasi. Ma gli inglesi sono nella maggioranza politicamente maturi, pertanto è possibile permettere davvero a chiunque di esprimersi. In occasione delle riunioni nazionalsocialiste invece, chiunque osasse ridere o esprimere il proprio dissenso veniva messo violentemente a tacere da qualche forte attaccabrighe seduto tra le prime file fino a finire in ospedale per settimane nel migliore dei casi, dove gli passava la voglia di ridere.

Quanto finora detto della libertà di parola può essere applicato in senso largo a tutti i diritti umani. I rappresentanti internazionali possono essere solo individui che sono riconosciuti sostenitori dei diritti umani e che hanno fatto un giuramento al riguardo, sebbene questo non costituisca necessariamente una garanzia. La tutela contro un'autocrazia internazionale è garantita proprio dalla creazione di una camera di rappresentanti internazionale di stampo democratico che non abbia al suo interno alcun politico che sia un potenziale criminale internazionale.

Il concetto di crimine internazionale deve essere chiarito giuridicamente. Ai sensi della relazione del procuratore generale Robert H. Jackson sul processo di Norimberga (New York Times, 16 ottobre 1946), in futuro saranno considerati crimini internazionali i seguenti: la preparazione di una guerra offensiva, la dichiarazione della stessa nonché la sua conduzione; la persecuzione, sottomissione e violenza contro persone appartenenti a minoranze; ... l'annientamento o deportazione di popolazione civile. Per simili crimini sono da considerarsi responsabili singole persone. Queste definizioni sono state riconosciute dai quattro governi giudicanti nonché da altri diciannove. Il concetto di crimine internazionale dovrebbe essere definito nel modo più completo possibile. Senza dubbio l'omicidio di ostaggi rientra in questa categoria, ma è necessario definire i principi in virtù dei quali vi fa parte. L'esempio dell'omicidio di ostaggi dimostra quanto primitivo possa essere lo spirito con cui ci dobbiamo confrontare: nell'impossibilità di punire i diretti colpevoli, possiamo punire gli innocenti. Possiamo dare una spiegazione psicologica a questo modo di pensare supponendo che la sete di vendetta inappagata possa essere legata alla paura di ulteriori attacchi nemici e perdita del proprio prestigio. La spiegazione psicologica delle più svariate sfaccettature dei crimini internazionali può essere estremamente interessante, ma non ci deve distrarre dal nostro compito primario di impedire che i fatti vengano commessi. La minaccia di intervenire con punizioni è una soluzione valida solo in assenza di altre. Un'altra soluzione potrebbe essere proprio una camera di rappresentanti internazionale che intervenga con la giusta tempistica, ovvero prima che si possa perpetrare il crimine dell'omicidio degli ostaggi o qualsiasi altro crimine internazionale.

Gli studi psicologici menzionati possono essere utili, sebbene non approfondiscano le radici del problema, ma riflettano solo sulle reazioni a una situazione data. Spesso si dice che non si può essere morali in una società amorale, ma tale idea è sbagliata perché, dal momento che la nostra società è ormai amorale da migliaia di anni, soprattutto sul piano della politica internazionale, non dovrebbero esistere individui morali. Creando una morale pubblica le persone troverebbero più facile vivere in modo impeccabile. Toccando questo argomento dobbiamo ricordare sempre che l'agire etico si pone tra le due realtà dell'individuo da una parte e della società dall'altra. Chi opta quindi per educare le persone tramite la minaccia di una punizione lo faccia senza per questo impedire a chi vuole invece intervenire sull'altra realtà, ovvero quella della società, per ricavare una nuova struttura. Nel nostro caso si tratta di intervenire su entrambe le realtà dal momento che proponiamo l'istituzione di una seconda camera internazionale, cosa che tocca l'aspetto della società, che sia composta da veri democratici, cosa che rappresenta il fattore personale. Una camera composta da veri democratici o, meglio ancora, da democratici internazionali non implica l'esistenza di un unico partito perché ogni singolo rappresentante avrà la sua opinione e non dovrà obbedire a nessuno sopra di sé, ma al contrario dovrà ricordare di avere milioni di persone sotto di sé che quotidianamente gli chiedono di mantenere la pace, impedire che venga perpetrato il crimine internazionale della guerra, sia essa offensiva o di qualsiasi altro tipo, rendere le guerre offensive impossibili impedendo l'armamento internazionale e la creazione di eserciti, creare una nuova strada. Da tutto ciò emerge che non basta che i rappresentanti internazionali siano democratici, è altresì necessario che abbiano delle idee. Essi proporranno quindi diverse idee e non rappresenteranno così un particolare unico partito. Chi teme che in questo modo i fascisti di ogni nazione potrebbero sentirsi non rispettati nel loro diritto di espressione si consoli pensando che nel senato internazionale non esisterà alcun tipo di limitazione ed esso sarà composto nella stessa maniera in cui sono composte oggi le Nazioni Unite. Se in un futuro prossimo o lontano saranno ammessi i governi attualmente esclusi sarà una decisione che spetterà all'organizzazione delle Nazioni Unite, così come spetterà a loro decidere se considerare i governi fascisti come colleghi, come avveniva contro ogni logica nella vecchia Società delle nazioni, quando a Mussolini e Haile Selassi erano riconosciuti gli stessi diritti. Ad ogni modo, il senato internazionale continuerà ancora per generazioni a comprendere al suo interno stati a governo autocratico, così come è oggi per le Nazioni Unite, cosicché i democratici non costituiranno ancora per molto l'unico partito esistente.

Non dobbiamo identificare l'autocrazia con il fascismo: autocrazia è infatti il concetto generico di cui fascismo, nazismo, bolscevismo ecc. sono sottocategorie. Chi chiede che anche queste sottocategorie possano essere ascoltate si accontenti con la possibilità per esse di esprimersi verbalmente e in forma scritta, nonché di riunirsi senza però godere del diritto di voto all'interno della camera dei rappresentanti internazionale. Fa parte della logica del pensiero pacifista negare a queste persone che sono contrarie alla pace, all'etica, alle pari opportunità tra razze, nazioni, classi e partiti, in breve contrarie ai diritti umani, il diritto all'elettorato passivo. Con questa più chiara visione della composizione della seconda camera possiamo tornare ad occuparci della questione delle quote. A lungo termine bisognerà confrontarsi con la suddivisione dell'umanità in più di settanta stati e con il fatto che le elezioni continueranno in gran parte ad essere tenute secondo gli attuali metodi, per questo è un controsenso ostacolare fin dall'inizio la rappresentanza dell'umanità con l'applicazione della suddivisione in stati nazionali. Se ci si rassegna a ciò che oggi e ancor più in futuro sarà inevitabile, l'intero problema delle quote assume un altro aspetto determinato dalle esigenze illustrate prima, perché se per la camera dei rappresentanti internazionale desideriamo solo democratici internazionali, allora dobbiamo prenderli là dove questi si trovano. Laddove esistesse uno stato dove non vive nemmeno un democratico, tale stato non sarebbe rappresentato nella camera dei rappresentanti internazionale, ma continuerebbe ad esserlo all'interno del senato internazionale. Laddove esistesse uno stato dove vive un'unica persona democratica, questa dovrebbe avere il diritto di candidarsi. Queste supposizioni sono descrizioni di casi estremi che ci aiutano però a capire meglio il problema. Ovviamente simili stati non esistono. Ovunque, persino tra i popoli coloniali, esistono politici all'avanguardia che non sono assolutamente figure isolate all'interno del proprio popolo. Esistono altresì governi ti tipo autocratico che probabilmente non permetterebbero ai propri cittadini di diventare rappresentanti internazionali o di proporre ed eleggere candidati per la relativa camera. Nessuno ha la palla di cristallo per poter predire quali saranno le prospettive degli stati autocratici quando saremo davvero giunti al punto di creare il governo internazionale. Forse alcune autocrazie saranno diventate democrazie per allora. Di certo non possiamo permetterci di attendere che questo avvenga per tutte le autocrazie. La domanda che sorge spontanea in tutti noi riflettendo su questo punto, ovvero che atteggiamento assumerà allora la Russia, non deve essere motivo di timore. L'odierna Russia è indiscutibilmente un'autocrazia dotata di polizia segreta e priva dei diritti umani come essi vengono intesi nella costituzione americana, eppure i Russi si definiscono democratici. O non è piuttosto solo il governo russo a definirsi tale? Nella loro costituzione figurano diverse leggi democratiche che non trovano però applicazione pratica, ma è vero anche che riconoscono nella pratica diversi diritti che al contrario negli Stati Uniti sono solo su carta, come le pari opportunità per tutte le nazionalità e le razze. I russi sono quindi realmente democratici sotto alcuni aspetti e sono quindi forse a metà strada nell'evoluzione verso la democrazia. Li si dovrebbe quindi invitare a partecipare alla creazione di una camera di rappresentanti internazionale.

L'invito rivolto alla Russia a permettere l'elezione di rappresentanti internazionali per la camera dei rappresentanti internazionale deve però essere formulato in modo esplicito al fine di evitare un travisamento del reale significato di democrazia. È per questo che l'approfondita definizione del termine democrazia è stato oggetto di uno dei capitoli precedenti. Se si dovesse estendere all'attuale stato autocratico russo la proposta di nominare un rappresentante ogni milione di abitanti, con piacere questo la accetterebbe nominando 400 comunisti russi a cui aggiungerne ulteriori provenienti dai suoi stati satelliti nella misura prevista. Ma solo i rappresentanti liberamente eletti dal popolo russo potrebbero essere riconosciuti come membri della camera dei rappresentanti internazionale. Gli altri non farebbero altro che inserire anche in questa camera gli stessi ostacoli che impediscono oggi alle Nazioni Unite di progredire verso la pace mondiale e la libertà degli individui. È inutile discutere ancora in merito a questa questione che costituisce l'odierno divario tra i due mondi dal momento che nessun dibattito porterà a una riduzione dello stesso, ma non è nemmeno giusto ignorarla. Attualmente sembra non esserci alcuna speranza che negli stati fortemente anti democratici possano essere tenute elezioni per un parlamento internazionale. Questo però non è un motivo per aspettare che tutti i popoli vivano in una democrazia. Se al contrario iniziamo oggi là dove è possibile, l'idea piano piano permeerà attraverso tutte le cortine di ferro. Il buon popolo russo diventerà un giorno maturo al punto da riconoscere quanto la democrazia internazionale e il governo democratico internazionale hanno da offrire anche ai russi in termini di sicurezza e promozione culturale. Ma se noi stessi aspettiamo inermi, come possiamo sperare che gli altri un giorno acquisiscano questa facoltà di giudizio? Se ognuno aspetta che sia l'altro a compiere il primo passo, l'umanità resterà ferma.

Oggigiorno non è possibile dire di più in merito alla composizione di una camera di rappresentanti internazionale. Non è possibile stabilire alcuna quota non sapendo le dimensioni reali della popolazione, in particolare della popolazione democratica, né potendone prevedere l'evoluzione. I temi che la camera dei rappresentanti internazionale dovrebbe dibattere e in merito ai quali dovrebbe conseguentemente decidere sono gli stessi di cui si occupano oggi le Nazioni Unite, sebbene il giudizio relativo a svariate questioni, provenendo da un punto di vista diverso coincidente con quello di una democrazia internazionale, sarebbe diverso. A questo va ad aggiungersi il fatto che la seconda camera sarebbe altresì preposta ad accogliere ogni eventuale lamentela al riguardo. Questo processo ci porta a vedere le Nazioni Unite come una forma molto più evoluta rispetto alla Società delle Nazioni di Ginevra. Le Nazioni Unite, però, non sono un tribunale neutrale. I molti giudici riuniti sono o potrebbero diventare sotto diversi punti di vista essi stessi imputati. In particolare, se si pensa a una terza guerra mondiale, coloro che presumibilmente la potrebbero scatenare non possono essere al contempo giudici. L'esperienza ad oggi insegna che le guerre iniziano sotto forma di un'aggressione di un governo ai danni di un altro e che vengono preparate tramite l'aggressione di un governo ai danni di un partito, una minoranza o alcune persone all'interno di uno stesso stato. Il mezzo per evitare lo scoppio di una guerra senza doverne condurre una a propria volta consiste solo nel riuscire a sedare l'aggressione interna. Per questo è importante che ogni minoranza e ogni individuo abbia il diritto di denunciare il proprio governo di fronte al governo internazionale. Il fatto che questo non sia stato finora possibile è una delle cause della seconda guerra mondiale. Abbiamo riconosciuto che la sovranità esterna è la causa di ogni guerra, ma le preparazioni della guerra dipendono dalla sovranità interna. I governi che non possono essere accusati di aver violato in alcun modo i diritti umani non devono temere alcuna denuncia. Le denunce infondate, così come quelle non pertinenti al foro dell'umanità, sarebbero infatti respinte. Al contrario, le denunce fondate relative agli abusi di un governo quali la preparazione di una guerra, l'incitazione violenta delle masse o la violazione di diritti umani sarebbero accolte. È comprensibile che i governi si oppongano a questo ulteriore attacco alla vecchia idea di sovranità, dal momento che il confine tra fondatezza e infondatezza delle denunce sollevate contro le loro azioni non è facilmente definibile dal punto di vista giuridico. Ma se vogliamo la pace, allora dobbiamo accettare quanto può garantire la pace. È necessario elaborare le leggi che regolino l'esposizione delle denunce e sottoporle ai governi e tali leggi non saranno proposte da governi, bensì dalle cerchie che oggi caldeggiano la creazione di una camera di rappresentanti internazionale. Se riuscissimo a convincere i governi del fatto che simili leggi limiterebbero solo quegli stati governati da un regime di tipo nazista, forse essi riconoscerebbero che sarebbe stato meglio indire il tribunale di Norimberga nel 1933 e non nel 1946, che sarebbe meglio se tutti gli stati riconoscessero i principi esposti dal procuratore Jackson, la cui sola esistenza non è sufficiente se la legge non è abbinata al diritto di denuncia. Tale diritto dovrebbe altresì prevedere una revisione dell'altrettanto datato principio di non intervento. Gli stati o i governi non devono interferire militarmente nelle faccende di un altro stato, ma il concetto stesso di interferire in questioni estere viene superato quando si pensa in modo cosmopolita, perché in questo caso nessuna faccenda risulta esterna. Per l'umanità i confini tra stati non sono altro che un mezzo richiesto dalla storia ai fini di localizzare le questioni amministrative. Le questioni cittadine di New York non riguardano San Francisco e viceversa, e lo stesso avviene tra New York e Berlino. Ma ci furono eventi a Berlino che costarono poi la vita ad alcuni Newyorchesi dopo che gli Stati Uniti d'America dovettero decidere di interferire con gli affari tedeschi attraverso una guerra, come la tradizione dettava. Non sarebbe più saggio, e quindi non dovrebbe essere possibile, interferire senza dover ricorrere a una guerra grazie a un'apposita legge? Con la creazione e il riconoscimento plurimo di una legge internazionale una simile interferenza non sarebbe più considerata tale.

L'elaborazione e l'applicazione di una tale legge è una questione puramente giuridica. Per questo la camera dei rappresentanti internazionale necessita di un magistrato internazionale, o meglio una magistratura internazionale costituita da un gruppo di esperti volti a garantire la neutralità internazionale. L'idea è stata esplicitata in una circolare mimeografata di Fyke Farmer di Nashville, Tennessee, e Edith Wynner di New York, N.Y. che hanno fatto riferimento al "Procuratore generale di giustizia in Svezia" definendone i compiti come segue: "questo funzionario può essere eletto dal congresso internazionale, ma deve essere indipendente da ogni altro organo governativo. Egli deve fungere esclusivamente da difensore del popolo contro le violazioni dei diritti e delle libertà garantite dalla costituzione internazionale ad opera del governo internazionale, di un governo nazionale o di un'autorità locale o dei suoi funzionari. I suoi compiti comprendono: la tutela dei diritti e delle immunità dell'individuo; l'indizione di processi, per iniziativa propria o a seguito di denuncia di una persona, per la risoluzione di proteste presso il tribunale internazionale; la valutazione delle leggi internazionali e della loro adeguatezza e fondatezza nella pratica. Tale funzionario deve presentare al congresso internazionale una relazione annua sulle proprie indagini e sui processi, nonché fornire le indicazioni per il miglioramento della magistratura e il mantenimento dell'ordine internazionale generale."

L'espressione "eletto dal congresso internazionale" indica il fatto che questa carica deve essere eletta da entrambe le camere. La possibilità per ogni cittadino di sporgere denuncia contro uno stato suona oggi utopistica persino alle orecchie dei democratici, figuriamoci quindi cosa ne possono pensare i governi autocratici come quello della Russia o di Santo Domingo. Eppure questa utopia rappresenta l'unica strada percorribile per garantire una pace duratura, quindi quanto oggi sembra utopistico dovrà un domani essere la realtà se non vogliamo vivere l'utopia opposta di un mondo dove cadono bombe da ogni dove e dove i governi sovrani si trasformeranno in amministrazioni sovrane di cimiteri senza alcun altro compito se non quello ormai tardivo di sotterrare una sovranità divenuta inutile. In passato si aveva un rispetto tanto grande per i governi perché erano sovrani nella loro piena irresponsabilità. Ma mentre nelle monarchie costituzionali e nelle repubbliche il rispetto per i governi ha continuato a crescere, le persone moderne non hanno che disprezzo per le dittature irresponsabili (come quella del nazismo, del fascismo e del militarismo giapponese). La dignità di un governo cresce nella misura in cui il popolo non lo teme. Un imperatore romano ha espresso negativamente questo concetto con le parole: "oderint, dum metuant", ovvero "che mi odino pure, basta che mi temano". Ma i governi vogliono essere odiati? La responsabilità di un governo è rappresentata dalla sua disponibilità a rispondere di fronte al proprio popolo e all'umanità ogniqualvolta le proprie azioni toccano questa umanità.

L'introduzione della democrazie è innanzitutto compito dei cittadini che la vogliono all'interno del proprio stato. Una camera di rappresentanti internazionale sarebbe utile per la diffusione della democrazia perché la caratteristica principale dei rappresentanti, parallelamente al proprio credo democratico, dovrebbe essere la responsabilità cosmopolita. Sebbene eletto dai cittadini del proprio stato, il compito di un rappresentante internazionale sarebbe un compito cosmopolita. I rappresentanti eletti negli Stati Uniti, in Canada, in Messico, in Danimarca, nella Cecoslovacchia ecc. non sarebbero eletti per questi paesi, ma per l'umanità, comprensiva quindi dei russi ad esempio, perché l'istituzione politica in nome della quale parlerebbero avrebbe come obiettivo l'umanità.

Oggi nessuno è autorizzato a parlare a nome dell'umanità, né il Presidente degli Stati Uniti, sebbene diversi discorsi di Franklin D. Roosevelt abbiano una tale impostazione, né il generalissimo dell'U.R.S.S. della Russia; ogni singolo rappresentante internazionale nell'espletamento della sua funzione, invece, parlerebbe sempre a nome dell'umanità, quindi un rappresentante americano parlerebbe anche per i messicani e viceversa e via dicendo. Ognuno di loro parlerebbe a nome di tutti coloro che condividono il pensiero democratico, che si oppongono alla guerra in virtù della comprensione, della legge e della responsabilità di ogni governo, sia che in esso siano permesse le elezioni dei rappresentanti internazionali o meno.

Con questo abbiamo delineato i concetti principali ed essenziali relativi alla camera dei rappresentanti internazionale spingendoci persino a menzionare come essa dovrebbe essere creata. Ma la questione è rimandata a quando tratteremo l'essenza anche degli altri rami del governo internazionale.

7. ESECUTIVO INTERNAZIONALE, POLIZIA INTERNAZIONALE E TRIBUNALE INTERNAZIONALE

Il tribunale supremo avrebbe il compito di emettere sentenze definitive in merito a tutte le controversie internazionali, siano esse controversie tra governi o tra i cittadini e il proprio governo. I governi dovrebbero accettare di riconoscere un simile processo come obbligatorio e la sentenza da esso derivante come definitiva, se emessa ai sensi della legge stabilita dal senato internazionale e dalla camera dei rappresentanti internazionale. Spetterebbe in fondo ai governi stessi, in collaborazione con la camera dei rappresentanti internazionale, la decisione di comporre il tribunale internazionale in modo tale che ne sia garantita l'obiettività. La durata dell'incarico dei membri del tribunale dovrebbe essere limitata e stabilita per legge. Il tribunale supremo dovrebbe altresì occuparsi delle denunce dei cittadini ai danni del proprio governo laddove presentate dalla magistratura internazionale. Quest'ultima dovrebbe rappresentare giuridicamente l'attore, nonché occuparsi della difesa giuridica dell'imputato, pertanto dovrebbe poter fare affidamento su uno staff tecnico sufficientemente grande e costruito su base internazionale che sia a conoscenza delle leggi e delle lingue dell'attore e dell'imputato in questione. Tutte le singole caratteristiche di questa istituzione hanno un carattere prettamente giuridico, pertanto, non essendo esperto del campo, non ritengo opportuno esprimermi ulteriormente al riguardo.

L'esecutivo internazionale viene spesso definito presidenza internazionale, ma forse sarebbe più opportuno optare per il termine amministrazione internazionale (coniato da Pearl Buck) in modo tale da sottolineare il fatto che a tale istituzione non spetta il compito di imporre ordini, bensì quello di esercitare la volontà della maggioranza dell'umanità conformemente alle leggi internazionali. La sola scelta di questo termine non può però scongiurare eventuali abusi dittatoriali, né allontanarne il timore. È necessario quindi creare una costituzione che impedisca l'avvento di simili abusi. Il primo passo consta nell'affidare l'amministrazione internazionale a un gruppo di funzionari anziché a un singolo presidente internazionale. In Svizzera, ad esempio, è risaputo che l'esecutivo è gestito da un collegio di sette persone elette da entrambe le camere per un mandato delle durata di sette anni. Ogni singolo membro deve provenire da un cantone diverso. Per la nomina della presidenza internazionale si potrebbe procedere nello stesso modo, magari proponendo un mandato di più lunga durata in modo tale da non dover affrontare ogni tre anni le rivalità che necessariamente emergerebbero. Al fine di garantire la continuità dell'amministrazione, una parte dei funzionari potrebbe rimanere in carica così come stabilisce il regolamento che sancisce la durata dell'incarico dei senatori del senato a Washington D.C. A mandato concluso, nessun amministratore internazionale potrebbe essere eletto nuovamente; in fondo l'umanità è sufficientemente vasta da poter mettere a disposizione persone capaci sempre nuove. Vogliamo lasciare ogni altro particolare a coloro che si occuperanno della creazione della costituzione internazionale.

L'amministrazione internazionale dovrebbe occuparsi di una vasta serie di compiti tra cui la preparazione di proposte di legge relative ad ogni ambito della politica internazionale, come quello della distribuzione delle materie prime, del commercio, del traffico internazionale, del lavoro, dell'industria, delle finanze, della sanità, dell'istruzione intesa come scambio e cooperazione tra professori e studenti, dei servizi di informazione, della comunicazione obiettiva ecc. Tutti questi ambiti sono legati in modo più o meno stretto al problema della pace duratura; il principale compito dell'amministrazione sarà infatti quello di mantenere la pace sedando le controversie, nonché impedire lo scoppio di una guerra mediante il disarmo totale e l'impedimento di una nuova corsa agli armamenti. Per sedare le controversie la presidenza internazionale deve accogliere le denunce relative alla violazione delle leggi internazionali direttamente provenienti dalla camera dei rappresentanti internazionale, dal senato internazionale o dai governi, verificarle e inoltrarle al tribunale supremo, quindi informare le parti in causa della sentenza del tribunale e vegliare affinché questa venga rispettata, e infine intervenire in tutte le questioni riguardanti il disarmo e il controllo di contro un eventuale riarmo.

Per poter realizzare tutte queste funzioni l'esecutivo internazionale necessita di un corpo di polizia internazionale che è quindi la chiave per il mantenimento della pace laddove ci riuscisse di creare un governo internazionale. Cosa si intende per polizia internazionale? Vi sono ancora persone che concepiscono un corpo di polizia internazionale in modo errato, pensando che non si tratti che di agenti pronti a intervenire al minimo sospetto che si stia preparando una guerra offensiva, premendo un tasto in uno degli stati innocenti, quali ad esempio gli Stati Uniti o la Russia, che comanderebbe una pioggia di bombe sul colpevole. Ma questo metodo non sarebbe tanto diverso da quello adottato in passato in guerra. Quanto poco chiaro sia nelle menti della gente il senso e il metodo di una polizia internazionale è dimostrato dal piano dell'esperto di bridge Ely Culbertson. Questo pacifista punta la sua carta ancora sulle spedizioni punitive contro gli stati aggressori, considerando quindi la polizia internazionale un esercito internazionale. Egli suddivide il mondo in undici regioni ed elabora un sistema di quote secondo cui ad ogni stato viene affidata una certa percentuale di forze mobili. Ci si chiede chi potrebbe costringere gli stati ad accettare queste percentuali dato che queste ultime dovrebbero essere proprio quelle che esercitano il potere coercitivo. Oltretutto suddividere il mondo in undici regioni corrisponde a fare i conti senza l'oste. Il calcolo si basa sull'idea che gli eserciti si bilancino a vicenda. Gli stati più forti però non si atterranno a questo calcolo laddove provino un desiderio di espansione, conquista dei mercati, controllo dei pozzi petroliferi ecc. Ma ammesso pure che il calcolo sia così convincente da far sì che esso venga accettato da tutti i governi assennati, se un governo irragionevole decidesse comunque di dichiarare una guerra questa cosiddetta polizia internazionale dovrebbe inviare uno degli undici eserciti, o anche tutti contro l'aggressore di fatto impegnandosi in una guerra vittoriosa. Ma non si volevano eliminare le guerre? La polizia internazionale inventata ingegnosamente da Culbertson finisce però con il fare quanto si voleva eliminare, ovvero una guerra. No, eliminare la guerra mediante un'altra guerra non è una strada percorribile: l'unico modo per impedire la guerra è garantire la pace.

Non è solo il piano di Culbertson a essere insensato: parimenti lo sono tutti i progetti di una polizia internazionale basata sull'impiego di eserciti, flotte navali o flotte aeree dei singoli stati o basata sulla creazione di un unico grande e imbattibile esercito delle Nazioni Unite. Per citare un altro simile esempio ricordiamo il piano di Stephen King-Hall (1942) contenuto nel libro di Wynner e Lloyd (pag. 350). Questo prevede che le flotte navali unite di Inghilterra e Stati Uniti, definite con onore Peace Force, debbano essere tre volte più forti della seconda flotta più forte al mondo e due volte più forti di qualsiasi altra combinazione di tre flotte. Le flotte aeree unite di Inghilterra e Stati Uniti devono quindi essere quattro volte più forti della seconda flotta aerea più forte al mondo e due volte più forti di qualsiasi altra combinazione di due flotte aeree. L'80% del personale deve essere di nazionalità americana o britannica, mentre il 20% può essere costituito da stranieri il cui incarico non può superare i dieci anni. Le suddette forze si devono quindi distribuire in ogni paese del mondo. Qualora il re d'Inghilterra e il Presidente degli Stati Uniti decidessero che uno stato sta preparando una guerra offensiva, non farebbero che scagliargli contro questa polizia internazionale anglosassone per una vittoria sicura. King-Hall non specifica che cosa succederebbe nel caso in cui il re d'Inghilterra non fosse d'accordo con il Presidente degli Stati Uniti, o nel caso in cui una di queste due potenze decidesse di iniziare una guerra offensiva o, Dio non voglia, nel caso in cui si verificassero entrambe le circostanze o l'una fosse la conseguenza dell'altra. Questo piano appare estremamente infantile, ma rispecchia l'opinione diffusa secondo cui gli Stati Uniti e l'Inghilterra hanno il compito di decidere quale stato può essere considerato un potenziale aggressore e conseguentemente punito. Fondamentalmente tale idea rispecchia l'arroganza della razza bianca e in particolar modo degli anglosassoni nella piena noncuranza del fatto che la maggioranza dell'umanità è costituita da persone di colore, che questa maggioranza è abbastanza adulta e matura da decidere chi debba essere considerato aggressore, e del fatto che la razza bianca attraverso entrambe le guerre mondiali ha imposto la propria intelligenza ritenuta superiore ai danni del pensiero della popolazione di colore. Simili piani non solo sono ludici a un livello che però non ha nulla a che vedere con una partita di bridge, ma essi si basano anche su un totale travisamento del problema.

Non basta definire un esercito "polizia internazionale" per fare sì che esso diventi tale. Gli eserciti sono fatti per scontrarsi con altri eserciti, mentre la polizia è fatta per rapportarsi con gli individui. Un corpo di polizia internazionale non è quindi un esercito che può vincere tutti gli altri eserciti, come nelle fantasie di dittatori e conquistatori, bensì un gruppo ristretto di funzionari civili e detective che si sono formati per poter svolgere il compito loro assegnato dalla legge di portare tempestivamente in giudizio dittatori e conquistatori del mondo prima che questi possano dichiarare una guerra offensiva o armarsi a tal fine. La polizia internazionale deve essere un corpo extra territoriale non sottoposto ad alcun governo in particolare, bensì unicamente agli ordini dell'amministrazione internazionale di cui è un organo esecutivo, quindi autorizzato da entrambe le camere. Qualsiasi governo che desideri la pace e rispetti con impegno il patto di Briand e Kellog rinunciando per sempre alle guerre offensive può contare sulla tutela garantita dalla polizia internazionale qualora le riconosca la facoltà di intervenire anche contro sé stesso o contro un governo di successione in caso di desiderio di riarmo. Solo in questo modo ogni governo può riuscire a convincere tutti gli altri della serietà del suo impegno a mantenere la pace. Rinunciare alla possibilità di condurre una guerra, fattore proprio della sovranità, significa obbedire alla polizia internazionale e quindi indirettamente alla legge internazionale e corrisponde in parallelo al comportamento che ogni cittadino ha all'interno del proprio stato nei confronti della polizia nazionale o locale. In fondo noi stessi non giriamo più armati di spade perché confidiamo nella tutela di un organo preposto dotato degli strumenti necessari per bloccare eventuali criminali, ma con questo, e quindi da quando abbiamo rinunciato alla sovranità personale di portare spade con noi, non abbiamo perso la nostra dignità umana. Chi si attiene alla legge e alle sue prescrizioni non ha nulla da temere dalla polizia, almeno all'interno degli stati democratici; allo stesso modo i governi non hanno nulla da temere dall'istituzione della polizia internazionale se sono governi democratici, fattore peraltro garantito dall'istituzione della camera dei rappresentanti internazionale.

Dal momento che questa seconda camera dovrebbe essere costituita unicamente da democratici e principalmente democratici internazionali, la polizia internazionale dovrebbe intrattenere un legame piuttosto stretto con essa. Questo può essere garantito dall'obbligo per i funzionari più alti in grado della polizia di essere nominati da entrambe le camere, nonché di essere da queste sorvegliati per tutta la durata del propri incarico ed essere soggetti a una riconferma annuale. Laddove le due camere in maggioranza dovessero deciderlo, i funzionari potrebbero essere costretti a dimettersi in qualsiasi momento, sebbene l'elaborazione di una simile legge dovrebbe spettare agli esperti in campo giuridico.

Dal momento che la polizia internazionale non può essere diretta contro eserciti, tale corpo non può iniziare a funzionare finché non sarà stata completata la procedura del disarmo. Si tratta di un'organizzazione a favore della pace tanto quanto i corpi di polizia che abbiamo ovunque che non hanno il compito di portare la pace o emanare leggi, bensì di garantire la pace e l'applicazione delle leggi. Il disarmo deve quindi essere raggiunto in altro modo. Chi parla infatti di polizia non si riferisce a un organo attualmente esistente nel contesto in cui ci troviamo. Soltanto quando sarà completato il disarmo potrà iniziare a trovare impiego questo nuovo organo; anzi sarà proprio in quel momento che tale organo dovrà essere impiegato al fine di garantire il mantenimento della pace finalmente raggiunta.

La polizia internazionale recluterebbe i propri funzionari in ogni paese scegliendo tra tutti i cittadini, mentre ai livelli più alti gli incarichi sarebbero affidati indipendentemente dalla cittadinanza, nazionalità e razza basandosi piuttosto su altri criteri fondamentali come la formazione, le competenze, l'integrità e l'affidabilità dello spirito democratico. Naturalmente la stessa integrità dovrebbe essere un criterio di nomina anche per gli altri funzionari, ma rimane ancora aperta la questione se questi debbano mantenere invariata la propria cittadinanza per la durata del proprio incarico dal momento che potrebbe succedere che essi siano chiamati a intervenire contro funzionari del proprio governo. Il rapporto che si instaurerebbe sarebbe comunque simile a quello esistente tra il Federal Bureau of Investigation e i singoli funzionari governativi dei quarantotto stati degli Stati Uniti d'America. Ancora una volta lasciamo queste questioni nelle mani degli esperti di giurisprudenza e amministrazione.

Chiaramente la polizia internazionale potrà iniziare a funzionare solo previa creazione di una legge e quindi di una costituzione internazionale. Non possiamo sperare infatti che un gruppo di funzionari oggi come oggi si incarichi di arrestare un dittatore regnante senza essere rinchiusi essi stessi. Il compito della polizia internazionale sarà quello di arrestare coloro che auspicano a instaurare una dittatura secondo metodi fascisti o altri metodi prima ancora che questi riescano nel loro intento. La questione che oggi ci interessa di più è come poter fare per creare una costituzione internazionale che ci assicuri in seguito un corpo di polizia internazionale a nostra tutela. Il vero problema della sicurezza è proprio questo. Effettivamente i negoziati attualmente in corso presso le Nazioni Unite ruotano sempre attorno allo stesso asse costituito dai seguenti problemi: il controllo dell'energia atomica e delle armi di distruzione di massa, il disarmo, o quantomeno la limitazione degli armamenti, l'introduzione e il mantenimento dei diritti umani in tutti i paesi, gli aiuti per contrastare la fame e le epidemie, la pace in Iran, Palestina, Grecia, quindi tutti pericoli comuni per combattere i quali si aspira alla creazione di una costituzione. Tutte le decisioni descritte, se osservate da un punto di vista giuridico, potrebbero diventare vere e proprie leggi. Le Nazioni Unite per i motivi descritti nel primo capitolo non sono strutturate in modo tale da poter emanare la legge che regoli una volta per tutte le questioni relative ai pericoli comuni.

Abbiamo già definito il concetto di popolo internazionale. Gli individui dal pensiero cosmopolita e democratico diffusi in tutti i paesi non sono organizzati. Non sanno nulla gli uni degli altri e per questo sono deboli e privi di efficacia. Dovremmo poterli organizzare in un partito internazionale per la pace, la libertà e la giustizia: sì, questo è quello che dobbiamo realizzare, ma non possiamo attendere che il processo sia concluso, bensì dobbiamo puntare ora su coloro che sono pronti e maturi a compiere un simile passo. Si tratta di quei gruppi che si fanno paladini non più di un semplice governo internazionale, ma già di una costituzione internazionale. Il primo gruppo infatti sta crescendo in fretta: solo cinque anni fa parlare di un governo internazionale poteva far sorridere, mentre oggigiorno questa proposta è diventata naturale. La crescita di questo gruppo che adesso caldeggia soltanto l'iniziale idea di un governo internazionale senza inoltrarsi in più approfondite spiegazioni sull'organizzazione dello stesso costituisce la necessaria premessa per l'ampliamento dell'altro gruppo che parla già di costituzione internazionale. I portavoce del primo gruppo al momento non vogliono approfondire la discussione dei particolari perché temono che le domande più concrete possano causare divergenze nelle opinioni mettendo in pericolo l'intero movimento. Ma un giorno dovranno anche loro trovare il coraggio di spiegare i dettagli del loro progetto superando il pericolo di incappare in divisioni del movimento. È una fortuna quindi che esistano già oggi individui che spingono per la creazione di una convention per una costituzione internazionale. Le cerchie più conservatrici intendono dapprima rafforzare il legame con le Nazioni Unite al fine di conquistarne la fiducia e la pazienza, cercando di rafforzare il pensiero che le Nazioni Unite con gli eventuali supplementi necessari possano pian piano trasformarsi in un governo internazionale. Sappiamo che si tratta di un'illusione; le Nazioni Unite, e in particolar modo l'assemblea generale, non potrebbero che trasformarsi in un senato internazionale, che è molto, ma non abbastanza. Quel gruppo che promuove la creazione di una convention costituzionale è inconsapevolmente la scintilla che porterà alla futura camera dei rappresentanti internazionale; esso non è altro che il popolo internazionale agli esordi, ovvero un gruppo piuttosto ristretto che si evolverà fino a potersi orgogliosamente definire tale. Sono quindi le truppe d'assalto nella guerra intellettuale per la pace e contro la guerra.

Chi intende opporsi a tutto questo chiede: ma chi vi ha autorizzato? La risposta è semplice: nessuno. Nessuno ha la facoltà di autorizzare queste persone, se non esse stesse. La loro autorità non può essere trasferita da un'altra persona perché non è personale, ma ideale. L'idea attorno a cui ruota il processo diventa l'autorità. Quando un insegnante insegna agli alunni il teorema di Pitagora, la sua autorità deriva dal fatto che egli è stato precedentemente esaminato dal governo al fine di esercitare la propria professione, ma l'autorità del suo insegnamento risiede nella correttezza, provabilità ed evidenza del teorema. Per la dottrina del governo internazionale e della costituzione internazionale deve ancora essere creata l'autorità che possa nominare gli insegnanti; l'autorità della dottrina in sé è indipendente da qualsiasi autorità statale o personale e deve quindi convincere per la sua stessa logica interna guadagnandosi così adepti. Il gruppo di cui parlavamo prima parla a nome di chi già è convinto di quest'idea, nonché a nome di chi spera di convincere presto. La cerchia conservatrice all'interno di questo gruppo all'avanguardia non deve lasciarsi sfiorare dall'idea che la costituzione internazionale o la camera dei rappresentanti internazionale possa opporsi alle Nazioni Unite. Questo non può succedere. Ogni persona assennata è pronta a fare di tutto per rafforzare le Nazioni Unite, diffondere l'adesione alle stesse, apprezzare le difficoltà che affrontano e non aspettarsi da esse compiti sovrumani, quindi nulla che vada al di là di quanto contenuto nella Carta di San Francisco. Tra queste cerchie conservatrici dilaga altresì l'idea che la costituzione internazionale dovrebbe essere creata esclusivamente per vie giuridiche quindi attraverso i governi. Negli Stati Uniti si spera di introdurre un emendamento o un'appendice alla costituzione che conferisca al Presidente il potere di invitare gli altri stati a una convention per la costituzione internazionale. Per fare questo la legge americana necessita dell'approvazione di due terzi degli stati. Humbert Lee, grazie alle sue eccezionali doti oratorie, l'ineccepibilità della propria persona e l'integrità del proprio credo democratico internazionale, ha già conquistato l'approvazione di quattordici stati, ma ne mancano ancora diciotto. Ci vorrà ancora del tempo prima che anche questi diciotto stati aderiscano all'idea, e quindi altro tempo prima che l'emendamento diventi legge. Per allora emergerà un altro problema, ovvero bisognerà vedere se gli stati invitati accetteranno tale invito e, in caso affermativo, se rifiuteranno di rinunciare alla propria sovranità credendo che il loro compito essenziale non sia che quello di favorire gli interessi del proprio stato rispetto a quelli dell'umanità. Non vogliamo impedire a nessuno di seguire questa via, anzi forse potrebbe far loro bene, aiutandoli a capire la limitatezza di questa funzione e spingendoli ad aderire spontaneamente all'idea della creazione di una camera di rappresentanti internazionale. I due movimenti non dovrebbero quindi contrastare in quanto si completano a vicenda in vista di un fine comune.

Il gruppo all'avanguardia che fin da ora caldeggia la convention costituzionale cercherà di ampliare le proprie fila quanto prima. Simili tentativi sono anzi già in pratica sebbene si scontrino con reazioni fredde che però non ci devono spaventare. Le masse sono talmente abituate ad avere governi e politici che pensano per loro che non possono capire improvvisamente l'importanza del loro ruolo personale. I membri all'avanguardia della United World Federalists negli Stati Uniti continueranno a spingere affinché questa organizzazione, fedele al proprio nome, accolga membri di tutte le nazioni espandendo i propri confini ben al di là degli Stati Uniti. Come possono dei "federalisti internazionali" essere solo statunitensi? Come intendono superare i propri confini se non si riconoscono fin dall'inizio come un'organizzazione cosmopolita? I membri della United World Federalists devono anche decidersi ad accogliere nella loro costituzione la parola democrazia. L'obiezione sollevata secondo cui la parola è soggetta a interpretazioni troppo diverse può essere messa a tacere chiedendo che venga definito quanto in occidente intendiamo come democrazia.

Per trovare presto una soluzione che ci salvi da una terza guerra mondiale necessitiamo quanto prima di una costituzione internazionale provvisoria. Il gruppo attualmente all'opera a Chicago ne pubblicherà probabilmente presto una. Qualsiasi siano i suoi contenuti, ci basta una sintesi delle principali richieste. L'edizione di una simile opera a cura del singolo sarebbe solo fatica sprecata, in quanto essa potrebbe essere redatta solo all'interno di un gruppo appositamente preposto a questo compito. Possiamo tuttavia cercare di elencare i temi che non potranno mancare in una simile costituzione: sostituzione dell'anarchia esistente a livello di politica internazionale a mezzo della legge; sostituzione dell'amoralità oggi esistente in politica con l'ammissione pubblica che sul piano politico debba valere la stessa morale adottata nella vita privata, dal momento che la doppia morale vigente è la fonte della povertà a cui sono condannate milioni di persone; considerazione della guerra come di un crimine e riconoscimento del patto Briand Kellogg come patto ancora vincolante per tutti i governi e i popoli; consapevolezza che la democrazia, e non l'autocrazia, dovrà essere la base per la costruzione di un governo internazionale; riconoscimento dei diritti umani da parte di ogni stato che intende partecipare al senato internazionale; riconoscimento del diritto all'elettorato attivo per la camera dei rappresentanti internazionale per tutte le persone, ma limitazione dell'elettorato passivo alle persone di credo democratico; creazione di un corpo di polizia internazionale inteso come un'organizzazione di funzionari civili che, ai sensi della legge, dovrà intervenire contro le persone ritenute pericolose per la pace internazionale e le persone che avviano un riarmo a seguito del disarmo generale.

Il disarmo stesso sembra dipendere dalla buona volontà, dalla lungimiranza e della fiducia reciproca dei governi. Il popolo internazionale non ha oggi alcun potere al riguardo. Esistono due teorie a confronto: la prima secondo cui la pace debba precedere il disarmo, la seconda che il disarmo debba precedere la pace. A queste se ne aggiunge una terza che sostiene una lenta e progressiva limitazione degli armamenti che sfocerà poi nel completo disarmo. Tutte le conferenze in merito si sono quindi solo occupate della limitazione degli armamenti ottenendo come risultato esattamente il contrario, ovvero un miglioramento delle armi e la famigerata corsa agli armamenti proprio da parte di quelle nazioni che si sono orgogliosamente definite amanti della pace e progredite. Questa terza teoria non può avere successo nella pratica. Soltanto una delle due prime teorie può essere corretta, ovvero quella secondo cui la pace debba precedere il disarmo. Fintantoché esisteranno eserciti, flotte armate ecc. ci sarà anche diffidenza. Continueremo a vivere nel pericolo che possa scoppiare una terza, poi una quarta ecc. guerra mondiale finché non avremo costituito un governo internazionale funzionante. Solo allora la comprensibile diffidenza potrà svanire e avremo a disposizione metodi migliori rispetto alla guerra per la soluzione di controversie politiche ed economiche, dal momento che la guerra può forse risolvere una questione, ma ne crea al contempo centinaia di altre; solo allora gli armamenti perderanno la loro utilità e i miliardi prima investiti a questo fine troveranno un nuovo impiego più produttivo, trasformando, come scritto nella Bibbia, le spade in aratri. Il disarmo si espliciterà nella relegazione degli armamenti ormai arrugginiti ai musei.

Quanto detto può essere riassunto in tre tesi principali. La prima riguarda la definizione della polizia internazionale che non è quindi un esercito; la seconda che il corpo di polizia internazionale potrà essere creato e attivato solo a seguito della creazione di un governo internazionale; la terza riguarda quanto dovrà accadere nella fase intermedia. Non saremo mai stanchi di ripetere che una terza guerra mondiale sarebbe inutile per tutti i paesi coinvolti, ma questo non basta perché non ha che effetti temporanei ben diversi da quelli che potrebbe assicurare una polizia internazionale. Chiariamo un concetto: non esiste alcun organo che possa sostituirsi a un corpo di polizia internazionale. Dal momento che questa potrà nascere solo dopo che sarà nato un esecutivo internazionale, e quindi una legge internazionale e un congresso internazionale in qualità di autorità legislativa, la terza tesi non può che essere la seguente: affrettatevi per precedere lo scoppio di una terza guerra mondiale e il lancio di nuove bombe atomiche e eleggete rappresentanti internazionali al più presto affinché possano discutere e approvare una legge internazionale e una costituzione a cui questa faccia capo.

Fintantoché continueranno a esistere gli eserciti, i governi rimarranno diffidenti. Disarmo significa rendere moralmente inoffensivi gli eserciti liberandoli di fatto dal loro timore reciproco. Con timore non intendiamo la paura o il coraggio dei singoli soldati, bensì il timore che i governi hanno del possibile abuso dell'esercito da parte di un governo vicino o di un governo espansionista. Attualmente esistono settanta stati, molti dei quali sono militarmente troppo deboli per opporsi all'eventuale attacco di un vicino forte: basti pensare al Belgio nel 1914, nonché alla Danimarca e ai numerosi altri stati nel 1939. Il reale rapporto tra le forze militari è emerso con la creazione del Consiglio di Sicurezza con la Carta di San Francisco e si basa sull'idea che la pace internazionale, e quindi la tutela delle piccole potenze, può essere garantita solo dal comune amore per la pace delle cinque maggiori potenze e ogni forte divergenza tra esse può portare a una guerra. La pace del mondo si riduce quindi in pratica alla pace tra le cinque grandi potenze. Il diritto di veto loro concesso non è che per molti il lato negativo della loro armonia, ovvero ogni veto nasconde in sé un avvertimento per gli altri stati a piegarsi in tempo. Il veto stesso, però, ha la possibilità di evolversi in una dittatura giuridicamente fondata. Il Consiglio di Sicurezza è considerato da molti come il germe di una polizia internazionale, ma questo è un grave scambio di polizia democratica e autocratica. La democrazia infatti non conosce alcun veto, ma solo decisioni maggioritarie. D'altro canto è stato anche sottolineato che l'errore maggiore della Carta di San Francisco non è rappresentato dal diritto di veto del Consiglio di Sicurezza, bensì dal fatto che essa si basa sull'idea di sovranità. Questo è vero e chiarisce ancora di più il concetto secondo cui la creazione di una polizia internazionale, e quindi la garanzia di una reale sicurezza potrà essere possibile solo quando tutti i governi, e principalmente tutte e cinque le grandi potenze, acconsentiranno a rinunciare alla sovranità di dichiarare una guerra o condurne una senza effettiva dichiarazione. Non vogliamo con questo sollevare dubbi in merito all'onestà dei rappresentanti governativi all'interno del Consiglio di Sicurezza, ma è vero che questi non hanno alcun potere di fronte alla mancanza di logica alla base della costruzione del Consiglio stesso così come descritta dalla Carta di San Francisco, che ne fa in fondo un Consiglio di insicurezza costantemente alle prese con l'insicurezza da lui stesso causata.

La polizia internazionale non può essere sostituita da nessun altro corpo. Se dovesse scoppiare una guerra tra Russia e America, la combinazione tra violenza, abilità e resistenza porterebbe alla vittoria finale di una delle due maggiori ideologie attuali e al suo conseguente dominio internazionale. Ma come, se entrambe sono sbagliate? La lotta intellettuale non avrebbe fine. Non è quindi meglio terminare prima la lotta intellettuale senza spargimenti di sangue? Tale lotta intellettuale spetterebbe però al congresso internazionale, o meglio alla camera dei rappresentanti internazionale. La violenza non risolve i problemi: a nessuno scienziato verrebbe mai in mente di avvalersi di metodi violenti per trovare una soluzione ai problemi. Forse un giorno capiremo che i problemi politici devono essere affrontati nello stesso modo in cui si trattano i problemi scientifici, forse anzi capiremo che i problemi politici in fondo sono scientifici e che quindi non ha senso ricorrere alla violenza. Ma non è forse violenta anche la polizia? Certo, ma è pur sempre regolata da una legge approvata da una maggioranza. Dalla violenza non può nascere una legge, se non una legge apparente; la violenza della polizia deve quindi basarsi su una legge preesistente, basata però non sul potere materiale, ma sulla forza intellettuale, e quindi sull'etica.

Ed è così che torniamo sempre al fondamento ultimo della politica, ovvero l'etica assoluta. Il Consiglio di Sicurezza domina solo mediante la propria forza materiale, non mediante la forza etica o una saggezza superiore. Se i governi nazionali fossero saggi, oltre che materialmente forti, essi non investirebbero tanto denaro ed energie nelle scoperte fisiche, chimiche e batteriologiche e nella creazione di armi di distruzione di massa, bensì si dedicherebbero quanto prima alla creazione di un governo internazionale. Sappiamo però purtroppo che la loro funzione non è quella di dimostrare saggezza, bensì potere, quindi possiamo contare solo sulla popolazione per la creazione di una polizia internazionale, e, prima ancora, di un corpo che la renda possibile.

Chi ritiene di far parte di questo popolo internazionale dovrebbe iniziare a pensare all'organizzazione della polizia internazionale. Quanto spesso sentiamo persone che si giustificano con la domanda: ma io singolarmente cosa posso fare? Riflettere, è la risposta. Non è richiesta alcuna azione previa adeguata riflessione e previo chiarimento del problema. Dobbiamo però tenere sempre a mente che non abbiamo a disposizione un tempo infinito per riflettere.

Uno dei principali problemi dell'organizzazione sarà la composizione dei funzionari all'interno della polizia internazionale, e soprattutto il loro rapporto con le diverse nazionalità. La massima autorità della polizia internazionale, senza dubbio sottoposta alla presidenza internazionale, deve essere necessariamente composta da più esperti, circa sette o nove uomini e donne appartenenti a nazioni diverse e con un incarico di durata definita. Le loro decisioni vengono prese tramite votazioni a maggioranza semplice. L'autorità centrale dovrebbe disporre di uffici in ogni nazione per seguirne la politica interna in collaborazione con la magistratura internazionale. Anche questi dovrebbero essere costituiti da persone di nazionalità diverse, ma dovrebbero comunque avere al proprio interno funzionari appartenenti alla nazione in cui è sito l'ufficio. Per poter convocare in giudizio un determinato capo di governo o funzionario statale ritenuto pericoloso dovrebbero essere appositamente formate alcune persone che sarebbero poi le uniche detentrici di questo diritto. Laddove la persona convocata si rifiutasse di comparire volontariamente di fronte al tribunale internazionale, allora ne seguirebbe l'arresto che non può che avvenire con metodi violenti, ma sempre basati su un mandato di cattura emesso dalla presidenza internazionale. È chiaro che quest'ultima deve poter avere la facoltà di autorizzare l'organo supremo della polizia internazionale a utilizzare ogni metodo atto a contrastare un'eventuale resistenza. A questo proposito non si rendono necessari eserciti o truppe armate perché l'aspirante creatore di un movimento totalitario, militarista, anti democratico o contrario ai diritti umani di certo non avrebbe tempo per formare un esercito privato tale da poter superare il vantaggio che la polizia internazionale già avrebbe.

Non possiamo prevedere lo sviluppo futuro della tecnica nel campo delle armi, né possiamo sapere se un gruppo di traditori riuscirà magari a creare in segreto bombe atomiche o simili armi pericolose, ma questo non ci deve impedire di costruire dapprima un corpo di polizia internazionale adatto alla situazione attuale, riservandoci poi il diritto di adattarlo a eventuali evoluzioni future. Questa flessibilità deve essere garantita giuridicamente affinché le forze conservatrici non impediscano l'evoluzione futura. La camera dei rappresentanti internazionale deve mantenere il proprio carattere giovane, libero da fossilizzazioni ma anche dalle aspirazioni immaturamente romantiche dei nazisti, dei fascisti ecc. I rappresentanti internazionali dovranno costantemente seguire i progressi della tecnica delle armi e disporre al proposito di apposite commissioni tecniche; essi dovranno però garantire la pace non solo passivamente, ma anche attivamente partecipando a ogni movimento intellettuale che aiuti a mantenere la pace, accogliendo quindi anche le proposte relative a un miglioramento dell'organizzazione della polizia internazionale. Anche intervenire sul nome stesso dell'organo potrebbe essere importante, dal momento che forse sarebbe meno pesante parlare di una "tutela internazionale" piuttosto che di una polizia internazionale.

Con tutte queste riflessioni in merito a un'organizzazione di quest'organo di tutela tale che possa prevedere ogni necessaria modifica non è però ancora chiaro come dovrebbe avvenire il disarmo, quindi se attraverso la creazione e ratifica di un'apposita legge o l'entrata in opera dell'organo di tutela. Si dovrebbe comunque generalmente convenire con la necessità di fermare ora ogni altro armamento, affinché le armi esistenti arrugginiscano e invecchino lentamente, oppure vengano riutilizzate come materiale per fini pacifici. In merito al disarmo è stato comunque detto così tanto che la sua realizzazione non è fonte di grandi preoccupazioni: esso avverrà non appena sarà creata la condizione necessaria, ovvero non appena gli eserciti, i governi e i popoli non avranno più ragione di temersi reciprocamente.

Abbiamo con questo definito i principi generali. Non dobbiamo mai però dimenticare che il progetto di un governo internazionale completo di uffici non deve essere l'unico pensiero ad occupare le nostre menti. Se si riuscisse a eliminare ogni esercito, le basi per una pace duratura sarebbero gettate. La sola eliminazione di eserciti e caste militari dimenticherebbe però l'aspetto economico. Premesso che ogni governo assennato avanzasse davvero un disarmo, non appena iniziasse a funzionare la polizia internazionale che si occuperebbe della tutela di ognuno, riuscirebbe questa a farlo anche in campo economico? Ci si batte sul campo militare perché ci si batte sul campo economico e viceversa. Si combatte per avere il petrolio e si necessita il petrolio perché si vuole combattere. Si combatte economicamente, con armi economiche come l'abbassamento dei prezzi e anche senza armi da fuoco, bensì intellettualmente con la tendenza a realizzare determinate teorie economiche tramite la stampa corrotta, la radio ecc. fino a farle diventare dominanti. Forse tra tutti gli ostacoli esistenti alla creazione di un governo internazionale il più grande è proprio la guerra intellettuale tra le due ideologie del capitalismo e del comunismo. Non possiamo quindi esimerci dal trattare questa guerra ideologica e le sue relazioni con le possibili forme di governo.

8. ECONOMIA INTERNAZIONALE DEMOCRATICA

Il più primitivo tra i diritti umani è il diritto alla vita. "We hold these truths to be selfevident, that all men are created equal and endowed by their Creator with certain unalienable rights among which are life, liberty and the pursuit of happiness". Tradotto, "Noi riteniamo che le seguenti verità siano di per se stesse evidenti; che tutti gli uomini sono stati creati uguali, che essi sono dotati dal loro Creatore di alcuni Diritti inalienabili, che fra questi sono la Vita, la Libertà e la ricerca delle Felicità". Questo è quanto dice la Dichiarazione d'Indipendenza americana del 1776. Il diritto alla vita è considerato il primo di una serie di diritti e spetta a ogni neonato, così come a ogni persona di qualsiasi età. Il diritto alla vita include quindi il diritto alla tutela contro la fame. Nella nostra economia basata sulla stretta divisione del lavoro nessuno è in grado di ricavare direttamente dal proprio lavoro gli alimenti di cui necessita, ma chiunque all'interno del proprio settore presti il servizio a lui assegnato ha il diritto ad aspettarsi dalla società il minimo garantito per la propria sussistenza. Tale minimo corrisponde proprio alla quantità di alimenti necessaria a non morire di fame. Franklin D. Roosevelt ha definito tale principio "Freedom from Want", ovvero libertà dal bisogno. La tecnica di prendere per fame fortezze, città e intere nazioni è un mezzo bellico che non verrà più impiegato solo quando la guerra non esisterà più. La fame è però anche un fantasma che può esistere in tempo di pace. Fame causata da povertà indebita in una società dove si assiste parimenti alla presenza di eccezionali ricchezze non meritate; fame come conseguenza dell'indifferenza dei più abbienti o dell'inettezza dell'organizzazione generale che comporta necessariamente disoccupazione; fame come conseguenza di un'economia e una politica correlate ed entrambe sbagliate. Il pane quotidiano è un bene di cui necessitiamo oggi, ma anche domani. Attraverso un'economia corretta dobbiamo procurarci il pane futuro, mentre attraverso una politica corretta dobbiamo tutelare i raccolti nonché la libertà di coloro che hanno seminato affinché possano godere dei frutti del proprio lavoro. La politica e l'economia si determinano a vicenda; non ha senso discutere in merito a quale di queste due attività umane debba essere considerata preponderante. Entrambe sono solo manifestazioni superficiali dipendenti dallo stesso nucleo da cui deriva tutto quanto è umano, ovvero l'etica. Non ci deve quindi sorprendere il fatto che tutti i partiti politici si appellino a motivi etici per giustificare le proprie azioni presentando sempre l'oppositore come anti etico. La tattica diffusa ovunque è proprio quella di denunciare gli abusi altrui tacendo invece il bene derivante dalle tendenze opposte. È facile allora riempire grandi volumi con le peggiori accuse relative alle indicibili crudeltà, alle scaltre infamie e alla fredda stupidità degli altri. I nazionalisti rivendicano in tutta modestia e in buona fede il loro diritto a uno spazio vitale, costituito dalle terre confinanti, e al cosiddetto posto al sole che viene loro negato dall'egoismo degli oppositori di minor valore. I socialisti accusano i freddi capitalisti di sfruttare apertamente la forza lavoro. Gli abili e infaticabili capitalisti però si appellano ai diritti che si sono guadagnati identificando la sacra libertà imprenditoriale con la libertà della democrazia e adducono a loro discolpa il fatto che la socializzazione porta alla dittatura, contrastando in virtù di motivi puramente etici (ovvero la difesa del bene dell'umanità) l'attacco degli invidiosi socialisti. Per i comunisti, d'altro canto, nulla è più sacro della liberazione degli operai, dei contadini e dei soldati dalla errata dottrina socialista e dal giogo della borghesia che altro non è che per loro il giogo del capitalismo. Anche loro operano in virtù di ideali etici ogniqualvolta rinchiudono in prigione i cattivi borghesi e i socialisti o li fanno sparire per sempre.

Seriamente, tutti loro sono convinti di agire eticamente. Bisogna ammettere che la teoria aggressiva di Marx, ad esempio, era fondata su un'indignazione morale, reale o finta che fosse. Tutti quindi predicano la libertà, ma bisogna vedere ogni volta a chi è destinata questa libertà; ad ogni modo nessuno predica la pace, bensì solo la lotta tra classi. Quello che pensiamo noi è che la chiave non sia una questione di dominanza di una o dell'altra classe, bensì un fatto di pari opportunità tra classi che rende quindi impossibile l'esistenza di tutte queste accuse reciproche. Gli Stati Uniti d'America concedono ai propri cittadini ogni libertà, compresa quella dal bisogno; la Russia anela alla libertà dal bisogno, ma sacrificando a tal fine molti altri diritti umani; la Spagna nega qualsiasi diritto umano, compreso quello della libertà dal bisogno. Quello che vogliamo noi è proprio il contrario, ovvero un legame tra il Bill of Rights e la sicurezza economica di tutti, indipendentemente dalla propria classe o nazione. La maggior parte delle persone sa bene che anche sul piano economico dobbiamo agire eticamente. La controversia non è sul se dobbiamo agire eticamente, bensì su cosa dobbiamo considerare etico. Spesso il problema viene trasferito sul piano dell'interesse giudiziario che mira a stabilire chi debba essere considerato etico e molti giudici presuntuosi tendono a cadere nella generalizzazione che ogni comunista o ogni capitalista, a seconda del punto di vista, sia un furfante. Ma dobbiamo mettere da parte ogni giudizio personale e rimanere obiettivi. Non sono il singolo capitalista o il singolo comunista a sedere nel banco degli imputati, bensì il capitalismo e il comunismo in quanto movimenti, quindi non dobbiamo sottoporre a giudizio milioni di sconosciuti, bensì la correttezza o meno di determinate teorie a noi conosciute.

Teorie conosciute? Ma conosciamo davvero queste teorie? Chi vuole sapere che cosa sia il capitalismo, il socialismo e la sua derivazione, il comunismo, secondo la teoria degli ultimi duecento anni deve leggere centinaia di libri e trattati solo per arrivare a capire la trasformazione che hanno subito tutti i termini e la continua evoluzione a cui tutt'ora sono soggetti. Non vogliamo ora esporre una lista di definizioni e interpretazioni, né provare a darne di nuove, ma ci vogliamo limitare a sottolineare gli aspetti principali che ci possono aiutare a definire cosa si intende per economia democratica.

La prima domanda che ci porremo sarà: cos'è il capitalismo? La parola deriva da capitale, quindi cos'è questo capitale? La definizione più ampia di capitale comprende anche lo strumento. L'ascia dell'uomo primitivo è quindi la prima forma di capitale, sostituita via via da altri strumenti fino ad assumere altre forme con l'introduzione dell'allevamento, quando il bestiame divenne il capitale per eccellenza o la parte più importante del capitale, dal momento che si pagava in unità di bestiame. La parola latina per denaro, pecunia, deriva dalla parola pecus che significa capo di bestiame. Successivamente fu introdotto il metallo come mezzo di pagamento, uno strumento che poteva essere suddiviso omogeneamente nonché coniato. Fu così che il denaro metallico divenne la parte più importante del capitale. Con l'introduzione del vapore e dell'elettricità il termine subì un'ulteriore evoluzione dal momento che entravano in gioco anche le fabbriche e le macchine. Alcuni teorici hanno preferito limitare il termine capitale, ma se si pensa che uno schiavo era considerato tale tanto quanto un capo di bestiame o un cavallo, allora l'intero insieme di beni materiali e forza lavoro su cui si basava la produzione rientra nell'ampia definizione di capitale. Con il termine capitalismo si indica invece solo lo sfruttamento del capitale a vantaggio di una singola persona o di una classe privilegiata anziché dell'umanità. Il nome capitalismo è quindi fuorviante. Il capitale è infatti un elemento importante in ogni forma di economia, quindi anche nell'economia socialista e comunista. Il fatto poi che il capitale porti al profitto non è l'elemento distintivo del capitalismo, dato che anche l'economia socialista e comunista mira al profitto. L'elemento su cui ci dobbiamo concentrare è il destinatario ultimo di questo profitto. Il capitalismo si basa su una particolare forma giuridica che prevede che alcune persone o gruppi sociali abbiano il privilegio di controllare come i profitti vengono utilizzati e di disporne direttamente. Non c'è nulla da obiettare quindi sul raggiungimento di un profitto. Ogni accusa contro i profitti eccessivi o impiegati erroneamente si scontra con la contraddizione che senza questo mezzo l'economia sarebbe immobile o stabile. Non si tratta che di uno spostamento del problema. La giusta distribuzione del profitto è l'obiettivo di ogni economia onesta. Democratica può essere quindi solo quell'economia che opera per il bene di tutti. Fintantoché continueranno ad esistere persone invidiose che criticano i capitalisti e i plutocrati con il segreto desiderio di impossessarsi un giorno delle loro ricchezze per goderne in modo esclusivo, il principale problema non sarà sfiorato. È fondamentale che il capitalismo abbia effetti benefici anche per le masse e che i capitalisti accettino questo dal momento che ora sono loro a controllare come il capitale viene utilizzato, naturalmente influenzati dal proprio personale punto di vista. I capitalisti possono essere egoisti, ma possono essere talvolta anche filantropi e possono desiderare di agire in linea con una moltiplicazione e miglioramento dei mezzi produttivi. Anche laddove prevalgano gli obiettivi assennati e umanitari, rimane comunque valido il principio anti democratico dell'esclusione dei consumatori dal processo decisionale sull'utilizzo del capitale e del profitto.

Il capitalismo nella sua forma attuale è legato alle periodiche crisi che definiscono il cosiddetto business cycle. Tali crisi economiche appaiono ai capitalisti come delle malattie insidiose che di tanto in tanto intervengono a frenare lo sviluppo dell'economia. Tali malattie si concretizzano nella diminuzione del potere d'acquisto della moneta, nell'inflazione, nella diminuzione della produzione e nell'aumento della disoccupazione con quanto ne consegue. È sbagliato vedere queste depressioni periodiche come effetti collaterali o esterni, perché esse non sono altro che un male insito nel capitalismo. Il principio capitalista della concentrazione della proprietà è la causa della diminuzione del potere d'acquisto delle masse da cui a sua volta derivano le depressioni. Il capitalista deve quindi prevedere costantemente la correzione della distribuzione dei beni affinché il potere d'acquisto dei consumatori, quindi la distribuzione del denaro, sia sempre in equilibrio. Molti proprietari perdono i loro possedimenti nel corso di questo processo di risanamento, ma alcuni riescono a trarre beneficio dalla crisi e a moltiplicare ancora i propri beni. Questi ultimi dovranno però aspettarsi un crollo più avanti causato non già da forze di tipo economico, bensì politico.

Il capitale comprende il denaro. Il denaro è il metro di misura su cui si basano i prezzi, quindi su cui si basa il valore delle cose, nonché un mezzo di pagamento. Quando si compra del tessuto, questo viene misurato secondo la lunghezza che è una variabile costante. Il prezzo per ogni unità di lunghezza viene invece misurato in denaro e, sebbene i numeri aritmetici in sé siano altrettanto costanti, i prezzi sono variabili dipendenti dalla valutazione soggettiva, dal bisogno soggettivo e dal tipo e dalle dimensione del bene. La stessa unità ha un prezzo diverso in ogni luogo e in momenti diversi, non soltanto in virtù della distanza da percorrere per il trasporto della stessa e dell'evoluzione culturale e storica, ma anche perché colui che la necessita non sempre dispone di denaro come mezzo di pagamento mentre chi dispone del denaro non è detto che necessiti di quel bene. Anche laddove l'acquirente abbia il denaro e desideri quel bene, questi può ritenere il prezzo eccessivo e attraverso il proprio rifiuto all'acquisto costringere il venditore a riconsiderare il prezzo stabilito. Inoltre i prezzi delle merci diminuiscono quando se ne ha una grande quantità a disposizione mentre aumentano quando scarseggiano. Il capitalismo crea l'idea che il singolo debba riuscire ad avere tanto denaro da poter acquistare la merce che desidera, anche se costosa, indipendentemente dalle periodiche variazioni dei prezzi. La caccia al denaro è legata alla paura di perderlo. Soprattutto il libero imprenditore che impiega il denaro per acquistare nuovi mezzi di produzione cerca di tutelarsi dalle perdite e deve costantemente confrontarsi con il rischio che la merce che vende non trovi un pubblico sufficiente, per questo calcola le eventuali perdite nel prezzo, nonché il proprio stipendio in termini di lavoro effettuato e attività intellettuale. Questi è tentato dal produrre solo quanto promette un profitto sicuro, quindi o merci economiche per le masse o beni di lusso per i ricchi. Tutte queste riflessioni dell'imprenditore sono dettate da giudizi soggettivi e rendono difficile un equilibrio obiettivo tra produzione e consumo. La libera imprenditoria è libera di scegliere cosa produrre, ma si rende presto conto di dipendere dalla comunità dei consumatori. Si tratta quindi di una libertà apparente perché alla fine l'imprenditore finisce per cadere nel business cycle a cui deve obbedire. L'errore del capitalismo consta nel fatto che non si sottopone volontariamente a questo legame e non rinuncia alla concentrazione dei profitti in poche mani perché questo comporterebbe la sua stessa fine.

Da dove deriva questo capitalismo ostinatamente egoista? Gli storici dell'economia derivano il capitalismo dal liberalismo, a sua volta un'evoluzione del mercantilismo del diciassettesimo secolo, erede degli scambi medievali e dell'organizzazione in gilde. Il mercantilismo era una forma di mercato nazionale guidata dai governi autocratici. I governi concedevano a singoli individui e società ritenute affidabili determinati privilegi commerciali creando così una sorta di patriziato del commercio che obbediva a un piano economico statale e, tra le altre cose, prometteva di garantire il finanziamento di guerre offensive. Non appena divenne sufficientemente forte, questa classe iniziò a richiedere una certa libertà dall'imposizione governativa. Questo liberalismo fu un riflesso della limitazione della monarchia assoluta in campo politico che si trasformò progressivamente in monarchia costituzionale o, in alcuni casi, in repubblica. La teoria economica definisce il concetto di libertà come l'autoregolazione del mercato secondo i dettami della domanda e dell'offerta. Il mutamento voleva essere visto come un'innocua trasformazione del mercantilismo statale in un mercantilismo privato, quindi dell'economia pianificata dallo stato in un'economia pianificata dai privati. In realtà il principio del "laissez faire, laissez passer", definito da tutti come una totale assenza di un piano, non era altro che un cieco gioco dell'egoismo privato, in breve un'anarchia economica. L'economia pianificata di stampo privato o assenza di un piano pubblico comporta innanzitutto l'assicurazione contro il rischio mediante il perseguimento di un profitto elevato, quindi il tentativo di evitare le pur necessarie perdite personali e l'allontanamento dai consumatori. Da qui in poi iniziò l'evoluzione del capitalismo come ampio modello economico adottato da tutti gli imprenditori, nonché il riconoscimento del profitto contro il giudizio negativo che una volta ne veniva dato dalla Chiesa cattolica. Con lo sviluppo del capitalismo la forbice tra ricchi e poveri divenne sempre più ampia e nacque una nuova classe di ricchi in grado di contribuire a un'ulteriore crescita del capitalismo. Si identifica questo momento con lo sviluppo delle fabbriche e l'introduzione delle macchine, del vapore e più tardi dell'elettricità. Soltanto la classe dei proprietari era in grado di pagare le macchine e gli operai necessari al loro funzionamento. Il denaro veniva trasformato in altra merce, ovvero in nuove macchine che a loro volta erano in grado di produrre altra merce più velocemente e in maggiori quantità a parità di qualità. Con i nuovi macchinari nacque contemporaneamente la nuova classe degli operai che si definivano proletari e consideravano i ricchi imprenditori come nemici, definiti negativamente borghesi o capitalisti. I capitalisti dal canto loro iniziarono a considerare anche le macchine e le intere fabbriche come parte del capitale e, se i proletari inizialmente considerarono anche le macchine dei nemici, presto, facendo propri parte dei profitti da esse derivanti, iniziarono ad avanzare la richiesta di proprietà o comproprietà delle stesse. La posizione degli operai rimase poco chiara almeno nella pratica.

L'intero sistema economico è costituito da produzione e consumo; tutti gli individui sono consumatori e tutti, ad eccezione di bambini, anziani e malati, sono produttori. Le macchine introdussero però la pratica di suddividere il sistema economico in tre categorie, ovvero produttori, consumatori e operai, sebbene questi ultimi siano coproduttori e consumatori. Il capitalismo porta a credere che l'operaio sia da esso consumato e impoverito dal momento che ha un accesso estremamente limitato ai profitti. Il concetto di consumo non è identico a quello negativo di distruzione. Chi mangia il proprio pane quotidiano, infatti, lo distrugge mantenendo in questo modo in vita sé stesso e la sua forza lavoro e forza creativa, e il valore ultimo in tutto il sistema economico è pur sempre l'individuo. La Dichiarazione d'Indipendenza ha ragione nel sostenere che la ricerca della felicità sia un diritto umano indiscusso. Ma il consumo può significare anche una reale distruzione che non porta benefici a nessuno ed è in questo senso improduttiva contrariamente al consumo produttivo. Le calamità naturali come le gelate, le alluvioni, gli incendi, le siccità ecc. sono esempi di consumo improduttivo. La leggerezza umana, così come la crudeltà, il sadismo e lo spirito distruttivo sono per così dire calamità naturali umane. La guerra, al contrario, non è una calamità naturale bensì un sistematico consumo improduttivo. Quanto distrutto dalla guerra costringe alla rinuncia, quindi alla riduzione dello standard di vita fintantoché non viene sostituito da nuova forza lavoro e nuova produzione. Il capitalismo potrebbe credere che la distruzione di massa possa significare per sé una nuova occasione per produrre da capo, quindi un nuovo mercato, ma rimane deluso quando capisce che la guerra distrugge il mercato stesso. La distruzione infatti rimane distruzione. La nostra generazione lo sta imparando: è possibile ricostruire, ma nel periodo di tempo necessario per la ricostruzione si è costretti alla rinuncia. La distruzione di massa comporta oggi, a guerra terminata, fame, malattie, delusione, impotenza, suicidi, omicidi, morte di massa dei consumatori. La moderna industria della guerra può forse dare lavoro alle masse temporaneamente, ma porta a lungo termine alla rovina delle stesse e oggi, nel 1947, i vincitori devono pagare il prezzo della loro vittoria destinando milioni di dollari a quei paesi che sono stati distrutti dalla guerra al fine di rimettere in moto la ruota della produzione che porti con sé consumatori per la produzione dei vincitori.

Il capitalismo sottopone costantemente le persone alla tentazione, invita ad avvalersi di trucchi sleali, a speculare sugli affari e a praticare l'usura; esso allontana dai veri valori della vita e da quanto è proprio dell'essere umano. Il capitalista stesso si trasforma in una macchina per la moltiplicazione del denaro e ci si stupisce del fatto che non abbia paura di sé stesso. Egli può comprare tutto quello che può essere comprato, ma questo non comprende le cose migliori della vita, quindi si annoia perché non ha un fine prezioso e finisce per abbandonarsi a costose stravaganze, cercando di mettere a tacere il vuoto che sente tramite nuove sensazioni che gli vengono trasmesse, ad esempio, dalla caccia o dal gioco d'azzardo. Sicuramente esistono anche persone dal carattere più forte che sono in grado di contrastare le tentazioni che la ricchezza porta con sé e realizzano grandi opere in qualità di collezionisti, mecenati e filantropi. Ciononostante il capitalismo rovina l'intera società. Il miglioramento degli standard di vita e delle condizioni igieniche, di per sé successi positivi del capitalismo, vanno di pari passo con l'obiettivo di migliorare la vita dal solo punto materialistico. I beni di massa e i servizi di massa, tra cui le letture, la radio, il cinema, educano alla mediocrità. Gli stessi individui che invidiano i plutocrati covano il desiderio segreto di diventare un giorno plutocrati essi stessi; odiano e ammirano i loro modelli segreti; sono aspiranti capitalisti che si lamentano perché non hanno le capacità necessarie o la fortuna richiesta per raggiungere il proprio obiettivo. Questo è l'aspetto psicologico che vede nel capitalista il rappresentante del principio "l'art pour l'art" in ambito economico. Eric Kahler riconosce in Jakob Fugger il primo capitalista, in quanto questi per primo definì sé stesso e la propria famiglia come il mezzo necessario a "mandare avanti gli affari", dichiarando di voler realizzare profitti fintantoché fosse stato possibile. Questo è quanto poi ritroviamo nelle dichiarazioni dei capitalisti successivi, la cui risposta alla domanda "quanto capitale vi soddisfa" era sempre "ancora un po'". Il vero capitalista diventa schiavo della moltiplicazione del denaro fine a sé stessa.

Per i difensori del capitalismo è facile provare il fatto che esso non ha forse del tutto creato, ma di certo ha finanziato la nostra attuale civiltà rendendo accessibili a milioni di persone beni, svaghi e piaceri ritenuti oggigiorno ovvi, ma dei quali ci si rende conto solo quando si visitano paesi dagli standard più bassi e se ne sente la mancanza. Nonostante tutti i meriti, però, non possiamo dimenticare che questo standard di vita ci è garantito a spese della sofferenza e della miseria di altrettanti milioni di persone che non hanno mai sperimentato questi lodati standard e sono stati sacrificati a beneficio dei milioni che vengono invece sommersi dai piaceri e dagli agi e non ne sono nemmeno grati. Dobbiamo liquidare il capitalismo con questa critica? Se ha degli errori, perché non provare a correggerli?

Di certo è possibile correggere gli errori. Le cerchie che intendono mantenere il capitalismo ne capiscono di più rispetto ai critici e ai teorici perché vivono a stretto contatto con le sue pratiche, vedono avvicinarsi le depressioni e reagiscono, tanto che si è detto persino che la depressione arriva perché i capitalisti ormai se l'aspettano e agiscono di conseguenza. Ma qualunque sia la verità, gli scaltri imprenditori e bravi calcolatori sono disponibili ad apportare le correzioni necessarie a salvare l'intero sistema. Essi sono consapevoli del fatto che sia necessario un controllo del mercato perché la vecchia teoria del "laissez faire, laissez aller" non è corretta e il mercato non si corregge da solo mediante le curve dei prezzi, bensì necessita di qualcuno che lo regoli; essi intendono intervenire a proposito in prima persona in quanto capaci di farlo a seguito di un adeguato auto controllo e limitazione della propria sete di guadagno, e ammettono al contempo che anche il governo dovrebbe intervenire. L'"Employment Act" approvato nel 1946 dal Congresso a Washington D.C. è un buon passo in questa direzione in quanto affida al governo la responsabilità di "promote maximum employment, production and purchasing power" (promuovere la massima occupazione, la produzione e il potere d'acquisto). Un "Council of Economic Advisors" deve informare di volta in volta il Presidente e il popolo dello stato dell'economia fornendo i consigli necessari a impedire o limitare le ondate di inflazione e deflazione.

Un altro punto debole o malattia del capitalismo sono i monopoli, pertanto si cerca di tutelare la libera concorrenza. Si spera di riuscire a colmare il crescente divario tra ricchi e poveri attraverso leggi fiscali come la legge sull'eredità che costringe molti plutocrati ad assumersi il ruolo di mecenati che dovrebbe conciliare tutti. Ma anche il "limited capitalism" suggerito da C. E. Ayres in un coraggioso libro del 1946 non è che un tentativo di cura di un sintomo della malattia ben lontano dal vero fine di bandire la malattia tutta. La tassazione, poi, non è altro che una delocalizzazione della proprietà dal privato al pubblico e quindi va soprattutto a beneficio delle imprese pubbliche e governative e aumenta solo in modo indiretto la proprietà privata dei poveri. È così che i poveri ricevono eccellenti autostrade senza però avere il denaro necessario per comprare le auto che le percorrano. (Questo principio non è vero negli Stati Uniti dove quasi ogni operaio dispone di un'auto propria). Ciononostante, qualsiasi tentativo di curare i sintomi della malattia deve essere accolto con favore in quanto è indice del riconoscimento dell'esistenza di una malattia nel capitalismo, nonché il primo passo per evolversi.

Concentriamoci nuovamente sul principio fondamentale difeso dal capitalismo, ovvero la libera imprenditoria. Questo concetto implica la libertà dell'impresa dalle regole imposte dal governo e la libertà di auspicare alla quantità di profitto che si desidera. La prima delle due libertà è democratica, la seconda invece non è altro che anarchica e una truffa. Dal momento che la prima delle due libertà è democratica perché libera dal dominio dello stato, i capitalisti finiscono per definire l'intero sistema, comprensivo della seconda libertà, democratico.

L'obiettivo del presente capitolo di dimostrare cosa sia l'economia democratica ci porta a criticare il capitalismo nei punti in cui non è democratico. Gli sviluppi storici non sono razionali. Negli Stati Uniti d'America vediamo come il capitalismo sia associato alla democrazia anche se si è dimostrato anti democratico dal momento che comporta privilegi economici. Paradossalmente i privilegiati, ovvero i multimilionari, i milionari, i ricchi, i benestanti e persino gli aspiranti capitalisti sfruttano il principio della difesa contro le misure statale in grande stile, quindi sfruttano l'ordine democratico esistente per mantenere i loro privilegi anti democratici in campo economico e quindi per mantenere anche la povertà, sebbene l'intera macchina produttiva del capitalismo sarebbe in grado di garantire negli Stati Uniti a ogni famiglia di quattro persone un introito annuo pari a 4.400 dollari (Strachey, pag.32).

Occupiamoci ora del socialismo e vediamo se questo offre un'economia di tipo democratico. Il termine socialismo presenta tante di quelle sfumature da essere molto più complicato del capitalismo, che in fondo è univoco. Se nell'ambito del capitalismo si sposta l'accento delle aspirazioni individuali sulla proprietà privata del capitale e se in esso si vede quindi solo un estremo individualismo economico o un'anarchia economica, allora si può parlare di socialismo come di un'economia a beneficio della società tutta, come insito nel termine stesso. Ala sua base vi è quindi una tendenza democratica, persino etica. Per i socialisti il principio del "laissez aller" altro non è che un "laisez mourir" (Le Blanc). I socialisti sono i poveri, i sofferenti o, nel caso in cui facciano parte dei possidenti, i compassionevoli. Essendo la compassione un tema fondamentale dell'etica cristiano, ecco che si può parlare anche di socialismo cristiano, sebbene molti socialisti non intendano avere nulla a che fare con il cristianesimo perché la Chiesa, ma non la dottrina cristiana, si è alleata con il capitalismo. La pietà finisce poi per divenire invidia, opposizione e combattività ed è così che dall'anticlericalismo si passa al materialismo filosofico e dal risentimento si passa all'ateismo. La maggior parte dei teorici del socialismo accusano il capitalismo di perseguire una vera e propria caccia al profitto e considerano un'ingiustizia il fatto che i mezzi di produzione, quindi le fabbriche complete di macchine e strumenti, siano di proprietà individuale. A questa proprietà è infatti legato il diritto di stabilire i prezzi, basato sulla pianificazione. Il socialismo vuole sostituire questa pianificazione individuale ed egoistica con una di tipo impersonale e altruista e vuole raggiungere questo attraverso l'istituzione di un'autorità pianificatrice pubblica, ovvero statale. La formula secondo cui il mercato si auto regola sulla base dell'interazione tra la domanda e l'offerta si trasforma: il governo deve fare sì che il consumo del necessario sia possibile grazie alla produzione del necessario, nonché che i beni e i servizi siano distribuiti equamente. L'economia socialista è un'economia a favore delle masse. Strachey si avvale di un rapporto della "American National Survey of Potential Production Capacity" per illustrare questo concetto tramite un esempio. Nel 1933 in America vi era una carenza di abitazioni in quanto mancavano quindici milioni e mezzo di case nuove. Si calcolò di poter erigere circa un milione e mezzo di case all'anno per una durata di dieci anni. La quantità di materiale e di operai necessaria era disponibile, ma vi erano altre carenze, quali la mancanza di abiti e alimenti, che richiedevano una suddivisione del materiale e della forza lavoro nei diversi ambiti. Per l'edilizia in America si necessita l'acciaio, ma dal momento che si costruivano grattacieli, l'acciaio disponibile per le case non era sufficiente. La ricerca rivelava che nell'anno immobiliare 1929 veniva prodotto soltanto l'84% dell'acciaio che le acciaierie avrebbero potuto produrre. A piena produzione si sarebbero ottenute 8,7 milioni di tonnellate di acciaio che però non sarebbe stato utilizzato per la costruzione delle abitazioni, bensì nuovamente per i grattacieli di uffici, sebbene molti di essi fossero ancora inoccupati. Si riteneva che la popolazione richiedesse che tali grattacieli fossero adibiti a uffici in quanto di bell'aspetto. Strachey ritiene che si sarebbero potuti conoscere i reali bisogni della popolazione se solo non vi fosse stato il pregiudizio capitalista secondo cui nessuno aveva il diritto di indicare come le riserve di acciaio avrebbero dovuto essere impiegate. Il trattato di Stachey continua sostenendo quanto possa essere facile calcolare le reali necessità della popolazione; chi è interessato può leggere lo stesso. Sicuramente l'esempio dimostra come non sia bene che il mercato sia costituito dall'offerta di quanto non è necessario. Se la società è composta da persone irragionevoli non può che soffrire delle conseguenze della propria mancanza di senno. I socialisti sono convinti di essere in grado di pensare in modo più ragionato e pianificare in modo migliore rispetto a queste persone prive di senno che pensano solo al guadagno. Di conseguenza sembrerebbe di avere due opzioni tra cui scegliere: da un lato la tutela della libertà di compiere atti privi di senno, dall'altro l'introduzione di un obbligo alla ragionevolezza. I capitalisti preferiscono avere la libertà di essere irragionevoli perché questa fa parte della libertà imprenditoriale e quindi della democrazia, mentre un eventuale obbligo alla ragionevolezza corrisponderebbe a una dittatura. Ma secondo Strachey un'autorità pubblica a favore del popolo anziché di un ristretto gruppo di imprenditori edili non dovrebbe occuparsi di discutere proprio nulla, bensì potrebbe indire un sondaggio e descrivere quanto segue: "Secondo le nostre statistiche mancano quindici milioni e mezzo di abitazioni; volete che costruiamo case o grattacieli adibiti a uffici? Sappiate che è disponibile già sufficiente spazio da adibire agli uffici". Laddove la risposta fosse a favore delle abitazioni e l'autorità pianificatrice ordinasse quindi di costruirle non si potrebbe parlare di una dittatura.

Il socialismo consta quindi innanzitutto nella socializzazione dei mezzi di produzione e in secondo luogo nella sostituzione della pianificazione privata di stampo anarchico dei capitalisti con una pianificazione pubblica della produzione di quanto è necessario; da questo consegue in terzo luogo la possibilità di una equa suddivisione dei beni e dei servizi tra le masse e in quarto luogo una diminuzione o eliminazione dei contrasti tra le classi. Per la suddivisione equa sono state avanzate diverse teorie: un salario identico per tutti (teoria sostenuta solo da George

Bernard Shaw); un salario proporzionato alla quantità e qualità di lavoro prestato (teoria del socialismo in senso stretto); un salario proporzionato alle necessità (teoria che Strachey definisce comunista). La prima delle proposte elencate non ha riscosso successo perché sono tutti unanimi nel ritenere che le persone debbano essere retribuite secondo le loro capacità; la seconda vuole lasciare che i beni di consumo siano proprietà privata per rendere di pubblica proprietà solo i mezzi di produzione; la terza vuole socializzare anche i beni di consumo limitando così la proprietà privata, come fa anche il comunismo che infatti non la elimina del tutto. Il vecchio concetto generale di socialismo si divide quindi in due rami: il comunismo e il socialismo in senso stretto, a sua volta dotato di mille sfaccettature che si oppongono nel loro insieme al comunismo.

Il socialismo in senso stretto è evoluzionista perché intende curare progressivamente il male del capitalismo attraverso la corresponsabilità, quindi con la partecipazione al governo assieme ad altri partiti. Il comunismo, invece, è rivoluzionario perché non ritiene possibile fare breccia nell'opposizione del capitalismo per vie pacifiche. Esso si basa quindi sulla violenza. Il socialismo è fondamentalmente pacifico e forse lo era anche il comunismo, ma nella sua forma odierna quest'ultimo assume connotati espansionistici e quindi bellici. Il comunismo promette seriamente di garantire il paradiso in Terra, ma a questo aggiunge la possibilità di finire all'inferno per coloro che non si adattano al loro paradiso. La letteratura in merito al comunismo russo sottolinea a volte il primo, a volte il secondo aspetto del movimento, a seconda dell'impostazione dell'autore ed è quindi quasi impossibile formulare un giudizio obiettivo. I progressi nel campo dell'industria, della tecnica, dell'igiene e della formazione a trent'anni dalla rivoluzione sono enormi sebbene la Russia abbia dovuto combattere dapprima con nemici interni e quindi con nemici esterni. I progressi continuarono e continuano a danno della felicità delle persone e causando sempre più morti. Si può comprendere che i rivoluzionari del 1919 volessero difendersi dal sabotaggio e dalla reazione, ma "tous comprendre ce n'est pas tous pardonner". Sono stati sacrificati troppi innocenti per pura paura e troppo spesso senza quello che il Bill of Rights americano definisce un processo equo. Chi si batte per la giustizia nella distribuzione, dovrebbe prima riconoscere che questa giustizia dovrebbe emergere nei processi. Gli amici della Russia ritengono che la situazione sia migliorata da questo punto di vista.

I dibattiti quotidiani, spesso offuscati dagli eccessivi slanci di passione, a favore e contro il comunismo soffrono per la confusione che regna dietro alla definizione dei concetti quali democrazia, capitalismo e comunismo. Sia il capitalismo che il comunismo ritengono di essere espressione della democrazia, sebbene il primo sia espressione di quella americana, il secondo di quella russa. Quanto entrambi possano arrogarsi il diritto di definirsi democratici diventa più chiaro se si divide il fattore politico da quello economico: il capitalismo americano è l'economia incessantemente anarchica della libera concorrenza che sacrifica vite e felicità degli individui, mentre l'economia russa secondo la sua principale tendenza è democratica, ovvero per il popolo. Quest'ultima si batte per il bene comune di tutti, sebbene non indaghiamo oltre sul fatto se le riesca di raggiungere quest'obiettivo nella pratica e sebbene vada specificato che con "tutti" si intendono solo tutti i comunisti. Al contrario, la costituzione americana e la sua applicazione nella politica è tendenzialmente democratica, sebbene le libere elezioni siano ostacolate dalle macchine elettorali e macchiate dalla corruzione e sebbene le pari opportunità costituzionalmente garantite non siano sempre rispettate quando si tratta di persone di colore. Soprattutto negli stati del sud la cultura sotto questo aspetto è piuttosto arretrata. D'altro canto la politica interna russa, sebbene priva di discriminazioni basate sulla nazionalità, è una dittatura esercitata da una minoranza piuttosto ristretta e pari all'1% della popolazione. La finzione che questo partito comunista rifletta la volontà del popolo nasconde la realtà di una dittatura che domina su questo popolo. Inoltre anche il sistema costituito da un'unica classe non è che una finzione, perché in questa classe di proletari sono compresi anche contadini, artigiani, cittadini, classe media, quindi tutte le classi. Le classi dunque esistono anche se si dichiara il contrario non nominandole ufficialmente in modo diverso. Il concetto di democrazia nei due casi degli Stati Uniti e della Russia si relaziona quindi con diversi aspetti della vita nazionale. Negli Stati Uniti ad essere democratica è solo la costituzione, nonché la politica e la giurisprudenza laddove si attengano ad essa e ne applichino lo spirito nella pratica (si pensi solo alla gestione negligente dei fenomeni di linciaggio). In Russia, invece, è tendenzialmente democratico il principio dell'economia a cui si aggiunge l'uguaglianza democratica tra razze e nazionalità. Quindi entrambe sono democratiche, sebbene l'America dal solo punto di vista politico e la Russia dal solo punto di vista economico, e solo in piccola parte politico.

I capitalisti americani sono realmente convinti del fatto che la loro costituzione democratica renda automaticamente democratico anche il loro capitalismo. La libertà imprenditoriale è chiaramente un principio democratico, ma solo fintantoché esso è valido per tutti. La libertà imprenditoriale nella pratica troppo spesso significa la bancarotta per le piccole nuove imprese entro il loro primo anno di attività. La libertà imprenditoriale in uno stato capitalista non è che un privilegio di pochi, o anche di molti, ma in ogni caso non di tutti. Quanta libertà imprenditoriale esista in Russia è discutibile. Senza dubbio la libertà imprenditoriale è un diritto per tutti e dovrebbe quindi essere giuridicamente assicurata a tutti, prevedendo una particolare tutela per i più poveri. La democrazia prevede che il popolo si dia delle leggi prevedendo anche dei limiti per sé stesso. Un'economia pianificata non deve per forza essere una dittatura, ma potrebbe benissimo essere decisa dal popolo e i capitalisti potrebbero decidere quindi le leggi che consentano loro di mantenere la propria libertà a lungo termine all'interno però di un sistema libero per tutti. I comunisti russi, al contrario, si definiscono democratici perché nessuno può abusare della libertà imprenditoriale. Eppure si devono pur rendere conto del fatto che non hanno la libertà di parola. Anche a questo proposito i difensori della Russia parlano di un'aperta critica pubblica. Se fosse vero sarebbe un fatto positivo. Un giorno comunque dovrà per forza essere così perché alla lunga l'uomo, almeno quello maturo, non riesce a vivere senza libertà.

La difficoltà rimane quella di capire chi sia più maturo tra il comunista e il capitalista. Il comunista dichiara con sufficienza che la libertà è un ideale della borghesia, un lusso, e dipende dal riuscire a fare sì che le masse siano sazie e in salute affinché possano continuare a lavorare garantendo che tutti possano vivere bene. Bisognerebbe apprezzare il parziale successo ottenuto dal comunismo in Russia, non solo rispetto alla Russia zarista, bensì anche rispetto alla democratica America, dove la libertà esisterebbe solo su carta e i comunisti verrebbero allontanati dai propri incarichi senza processo. Forse accade veramente così e nessun democratico potrebbe difendere una simile situazione, ma al contempo questi potrebbero far notare ai comunisti che è una peculiare incongruenza per quanti di loro vivono negli Stati Uniti pretendere le libertà e i diritti umani dichiarandoli però al contempo un antiquato lusso borghese. Chi è allora più maturo? I democratici americani, come abbiamo visto, identificano il loro capitalismo con la libertà democratica, eppure proprio a causa di questo gran parte della borghesia americana vive in condizioni di terribile povertà eppure continua a sostenere che i diritti umani, compreso quello all'elettorato, non siano un lusso. Verrebbe da chiedersi a cosa serve soffrire per quattro anni la fame, ma avere poi garantito il diritto di voto. Ma questa formulazione è sbagliata perché questo stesso diritto offre alle masse la possibilità di migliorare progressivamente e legalmente la propria situazione economica. I comunisti sostengono che ogni operaio o contadino in Russia ha la facoltà di esprimere all'interno del proprio comune la sua opinione, naturalmente limitatamente alle questioni tecniche ed economiche che sono comunque per lui le uniche questioni importanti e interessanti. Può essere che sia così. Eppure il comunista russo non si può permettere di criticare il sistema stesso, nemmeno se è un esponente del governo. Dire che il singolo operaio o contadino non si interessa dei principali problemi governativi è ammettere una dichiarata immaturità politica, ma per il bene di questi russi sarebbe opportuno chiedere loro se condividono tutti questa opinione, e se è loro indifferente che vi sia qualche milione di persone in carcere o costrette ai lavori forzati per aver dissentito.

Qual è il risultato di queste riflessioni che si protraggono senza una meta evidente? Se né il capitalismo né il comunismo riescono a unire un'economia democratica con una politica democratica, non esiste una terza via? Si può pensare a tal proposito al socialismo in senso stretto, quindi alla socialdemocrazia tedesca o al socialismo inglese che è oggi al governo e promette miracoli proprio nel bel mezzo della crisi alimentare e dello sfaldamento dell'impero. Senza dubbio il socialismo in senso stretto è il paladino del progresso, ma dovrebbe però liberarsi dal concetto della lotta di classe e ampliare gli orizzonti soprattutto della classe operaia affinché questa inizi a riflettere su questioni che vanno al di là delle condizioni di lavoro, dell'assicurazione lavorativa ecc. per abbracciare la più vasta causa della democrazia internazionale. La lotta contro i datori di lavoro che viene messa in primo piano non fa che trasmettere un'immagine sfocata della realtà, come se essa girasse unicamente attorno a questo problema e come se il mondo potesse essere salvato unicamente distribuendo salari più alti. I socialisti oggi al governo a Londra sono costretti ad occuparsi di problemi che superano la mera politica del lavoro che potrebbe bastare ad accattivarsi le simpatie dei lavoratori, ma non porterebbe a nient'altro. I capitalisti, i socialisti e i comunisti elencano i reciproci misfatti, tanto che l'umanità inizia a chiedersi se non vi sia qualcosa di più auspicabile dei tre.

La lotta d'opinione non è che un mercato in cui si compenetrano la domanda e l'offerta intellettuale e in cui la merce è la libertà economica senza lotte di classe, quindi la pace tra classi. È risaputo che da oltre cent'anni esiste una forma di economia basata sulla fusione tra pura democrazia e rinuncia al profitto: si tratta delle cooperative, in particolare delle cooperative dei consumatori. Il movimento cooperativo nacque in pratica, dopo diversi tentativi, nel 1844 a Rochdale, in Inghilterra. 28 tessitori poveri che possedevano una sterlina ciascuno misero i propri risparmi in comune e iniziarono con queste 28 sterline un piccolo commercio di farina, tritello d'avena, burro e zucchero. Un anno più tardi la "Rochdale Society of Equitable Pioneers" contava 80 membri e 180 sterline. Ciascun membro poteva ora contare su quattro quote individuali di una sterlina. In cambio di questo "capitale", il gestore comprò della merce per rivenderla poi allo stesso prezzo di mercato ai membri. Con il ricavato si pagavano affitti, tasse ecc. e si rimpinguavano le scorte di merce. I membri delle cooperative non parlano di vendita, ma preferiscono spiegare che le cooperative stesse producono, comprano, distribuiscono e consumano. Quanto usualmente viene definito vendita è quindi per loro la distribuzione. Le cooperative non ricercano alcun profitto; il loro obiettivo non è quello di moltiplicare i guadagni, bensì quello di scongiurare le perdite. Essi non risparmiano. Mentre un uomo d'affari capitalista compra da un secondo per poi vendere a un terzo guadagnando un profitto, la comunità cooperativa è il terzo partner di sé stessa: le persone che mettono insieme il proprio capitale per acquistare a prezzi più vantaggiosi non ricavano un guadagno le une dalle altre. Il loro unico guadagno si verifica quando un cliente non appartenente alla cooperativa stessa acquista in uno dei negozi della cooperativa. I guadagni di tipo capitalista sono possibili solo laddove i membri della cooperativa lavorino in un ambiente di tipo capitalista, ma anche in questo caso essi realizzano questi guadagni rimanendo uniti tra loro in quanto comprano all'ingrosso e vendono al dettaglio. I guadagni in questo caso sono chiamati "dividendi" e sono qualcosa di diverso dal guadagno capitalista. Il capitale accumulato è infatti una proprietà comune utilizzata per affitti, tasse, gestione, acquisti ecc. I prezzi sono calcolati in modo tale che l'acquirente paga un valore superiore rispetto al valore reale della produzione e realizzazione della merce, quindi paga di più, sempre in relazione alla quantità e alla tipologia di merce che acquista. In questo modo si genera una somma che supera il capitale iniziale. Il gestore comunica periodicamente l'ammontare di questa somma che i membri comunemente decidono come destinare. Laddove si ricavasse una somma sensibilmente superiore a quella necessaria per la gestione, i membri riceverebbero dei dividendi proporzionati ai loro stessi acquisti. Il denaro torna indietro ai proprietari. Il denaro inziale veniva, come sempre, dal lavoro reale che crea merce dotata di un valore di scambio e per la quale il denaro viene inserito in qualità di mezzo di pagamento. I guadagni derivano da un'amministrazione abile, onesta e disinteressata che ha l'ambizione di lavorare per il bene di tutti i membri. L'esperimento descritto nel corso di cent'anni si è evoluto fino a diventare un'istituzione diffusa in diversi paesi. I livelli più avanzati di tale istituzione si osservano in Svezia, Danimarca e in Svizzera; in Russia oltre undici milioni e mezzo di persone facevano parte di questo sistema prima che fosse abolito dai bolscevichi. La caratteristica fondamentale del movimento cooperativo è la sua base puramente democratica. Ogni membro ha voce in capitolo e già nel 1844 le donne avevano lo stesso peso degli uomini. Per ulteriori dettagli in merito al sistema rimandiamo alla letteratura specifica. Una panoramica generale è descritta nel libro di J.P. Warbasse che riassume i dieci punti gli obiettivi dei membri delle cooperative:

1. Sostituzione del concetto di profitto con quello di servizio.
2. Inesistenza di grandi guadagni privilegiati grazie all'introduzione di interessi, affitti e dividendi.
3. Ogni membro deve essere un lavoratore.
4. Ogni membro deve essere un proprietario.
5. L'abilità e la responsabilità sono fattori da incoraggiare e affiancare alla proprietà.
6. Le persone in quanto vicine si uniscono e lavorano insieme per il bene comune.
7. Le persone vengono formate per la gestione della loro stessa industria a vantaggio loro.
8. Sostituzione di rivalità e antagonismo con l'aiuto reciproco.
9. Rinnovata acquisizione del controllo ormai perso da tempo da parte del popolo sulle proprie derrate alimentari e su altri mezzi di necessità.
10. Decentralizzazione del controllo sulla vita delle persone e trasferimento di questo controllo nelle mani del singolo individuo, delle famiglie e del gruppo locale.

Nel suo esauriente libro Warbasse ha descritto ogni aspetto dell'essenza, del passato, del presente e del possibile futuro delle cooperative. A noi interessa ora riconoscere quindi che la forma democratica di economia che cerchiamo è stata inventata oltre cent'anni fa e funziona, sebbene capitalisti e comunisti abbiano tentato di ostacolarla e tuttora agiscano contro di essa perché sanno che ne andrà della loro esistenza non appena il popolo si renderà conto che le cooperative lavorano proprio nel suo interesse.

Il movimento cooperativo non si è limitato alla creazione di negozi alimentari, bensì è intervenuto in ogni campo dell'industria ed esistono anche cooperative di banche. In Russia la Narodny (banca popolare) nel 1917 aveva un fatturato di sei miliardi di rubli (Warbasse, pag. 49) e sempre in Russia nel 1918 fu fondata persino un'università cooperativa. Negli Stati Uniti il Black Mountain College della North Carolina è organizzato su base cooperativa. In merito al movimento cooperativo in campo industriale è stato scritto un ottimo libro da Plumb e Roylance (1923). Sembra strano che questo movimento abbia potuto conoscere una tale espansione senza però riuscire ad attirare su di sé l'attenzione positiva di politici e teorici come invece è avvenuto per il capitalismo, il comunismo e il socialismo. Nonostante la propria diffusione sembra che viva in incognito. Questa circostanza deriva forse dal fatto che il movimento stesso non è conscio della propria importanza politica. Warbasse ritiene che i membri delle cooperative potrebbero a buon diritto sostituirsi allo stato stesso e sottoscrive quindi loro un obiettivo notoriamente anarchico. Si tratta però di un errore perché la politica non può essere sostituita dall'economia. I membri delle cooperative dovrebbero solo capire che la forma di governo democratica è loro affine. Nelle cerchie socialdemocratiche si sono già resi conto di questo, ed è per questo che esse hanno sempre prestato il proprio sostegno ai membri delle cooperative e alle comunità soprattutto sotto forma di unioni dei consumatori.

La realizzazione di guadagni più alti nel capitalismo è sempre avvenuta attraverso l'aumento dei prezzi a cura del mondo degli affari e a danno degli acquirenti, di cui fanno parte anche i lavoratori. Ogni individuo è un consumatore, sia esso un datore di lavoro o un lavoratore, sebbene cambi la quantità e la qualità del proprio consumo. Le accuse che a ragione o meno vengono fatte ai datori di lavoro derivano forse da una prospettiva sbagliata che vede la realtà come una lotta esclusiva tra capitale e forza lavoro; in realtà si tratta di una lotta tra il profitto individuale ai danni della comunità dei consumatori. Il fine di lucro personale è "contro operativo" anziché "cooperativo". Bisognerebbe cercare di comprendere di volta in volta l'unità data dalla domanda e dalla risposta, dal denaro e dal lavoro, dal consumo e dalla produzione. Ognuno di questi due aspetti è sempre parte di un tutto unico. I lavoratori e gli imprenditori di per sé non sono nemici reciproci, ma è la monopolizzazione dei profitti da parte dei privati o da parte dello stato che crea la tensione. Warbasse ha formulato correttamente la ricetta per un'economia democratica per la coppia terminologica di produttore e consumatore: "Smettete di pagare per il mondo degli affari e tenete per voi le eccedenze con cui potete comprare il mondo. Una società che produce per sé stessa è un organismo in equilibrio perché in essa si bilanciano produzione e consumo. Limitare la disponibilità della merce e aumentarne il prezzo è inconciliabile con gli interessi dei consumatori. Altrettanto inconciliabile con gli interessi dei lavoratori è produrre in quantità eccessive incuranti della situazione del mercato. Il sistema cooperativo garantisce una valutazione scientifica delle quantità di beni necessarie e della quantità di forza lavoro necessaria." Quello che Warbasse chiama equilibrio altro non è che l'armonia, quindi il principio fondamentale dell'etica. I teorici dell'economia nazionale lavorano con equazioni matematiche, ma l'armonia non può essere ottenuta con metodi razionali perché è in fondo irrazionale. Non vogliamo con questo criticare l'impiego della matematica per la soluzione dei problemi economici perché essa è anzi utile e contribuisce alla soluzione degli stessi, ma per quanto siano incredibilmente complicate le transazioni economiche, il principio base secondo cui la produzione dovrebbe essere pari al consumo è piuttosto semplice. Un Robinson Crusoe deve produrre ogni giorno quanto gli serve e gli basta consumare per quel giorno. L'umanità nel suo complesso deve fare la stessa cosa, naturalmente estesa nello spazio e nel tempo. Il consumo avviene nell'ambito di uno spazio temporale di dimensioni variabili: alcuni prodotti sono fatti per essere consumati subito, altri dopo settimane, anni, secoli. L'umanità deve contribuire a questo calcolo perché gli individui sono al centro della produzione e del consumo. Le persone si consumano e muoiono, producono eredità, e la produzione di beni che sopravvivono loro viene a sua volta ereditata; beni materiali e intellettuali sopravvivono alle persone. In questo senso l'economia nazionale non è fatta solo da prodotti quali il pane, le scarpe, il sapone, bensì anche dai libri, dalle note musicali, dalle opere d'arte, quindi non è data solo dalla merce, i salari e gli orari di lavoro ma anche dalla filosofia, dalle varie teorie compresa quella dell'economia nazionale stessa. Tutto ciò che può essere ereditato è il capitale materiale e intellettuale. I beni migliori di cui disponiamo sono i pensieri, non il petrolio, il carbone e il ferro perché questi sono privi di valore senza il pensiero. Il valore di questi beni dipende dalla qualità dei pensieri che associamo ad essi. L'insieme dei pensieri accumulati che si trasformano e sfociano in nuovi pensieri è il vero capitale dell'umanità. Esiste una produzione di pensieri, ma anche un loro consumo dato dalla creazione intellettuale e dall'apprendimento, nonché dalla loro trasformazione in produzione materiale.

Si possono produrre pensieri produttivi e pensieri distruttivi. Tra questi ultimi vi sono anche il crimine e la guerra, nonché la teoria economica che porta alla distruzione dei beni, della vita umana e della felicità degli individui. Tra i complessi di pensieri distruttivi possono essere annoverati anche il capitalismo e il comunismo. Sicuramente molti derideranno questo pensiero sottolineando le grandi opere compiute da entrambi i movimenti, ma chi può ignorare il prezzo che è stato dovuto pagare in termini di sudore, sangue, paura e miseria per creare quei beni che costituiscono l'orgoglio di capitalisti e comunisti? Non serve a nulla giustificarsi dicendo che questo non è che il naturale percorso della storia della cultura, e quindi lavarsi le mani del problema ricordando che anche le piramidi sono state costruite da schiavi duramente sfruttati. Siamo felici di fronte ai nostri grattacieli, ma poi soffriamo nel vedere lo stato dei sobborghi e allora iniziamo a ridurre la considerazione per i grattacieli stessi e pretendere che vengano anteposte ad essi le abitazioni per le persone.

Sullo sfondo del concetto di economia nazionale si profila un'altra questione, ovvero se i pensieri alla base del nostro commercio siano produttivi o meno. La formula secondo cui la produzione dovrebbe corrispondere al consumo è nel complesso un pensiero produttivo. Ma ogniqualvolta vengono prodotti beni distruttivi, questi non corrispondono al normale consumo quale potrebbe essere quello per così dire del pane quotidiano, bensì a una vera e propria distruzione di beni e individui. La guerra è oggigiorno, e da oggi in poi lo sarà per sempre, anti economica per capitalisti, socialisti, comunisti e membri delle cooperative, in breve per tutti, anche per i militari. Ma anche senza la guerra il capitalismo e il comunismo sono anti economici dato che distruggono la vita delle persone, la loro felicità e la produttività stessa degli individui. Come non è possibile eliminare le classi, perché ne nascono sempre di nuove, così è ancora meno possibile eliminare i pensieri perché basta scoprirli nuovamente perché prendano presto ancora una volta piede. La guerra e la politica della violenza possono riuscire ad arrestare il pensiero positivo solo temporaneamente, ma non lo possono distruggere per sempre. La politica della violenza non è che una mancanza di pensiero produttivo e rimane quindi distruttiva anche se il suo fine apparente è buono. Una terza guerra mondiale non sarebbe la prova di un pensiero produttivo, bensì solo il risultato di un fallimento intellettuale. Non è possibile distruggere le idee comuniste a mezzo di bombe atomiche, o quelle capitaliste a mezzo di armi chimiche e batteriologiche. I pensieri possono essere affrontati solo mediante altri pensieri, i pensieri negativi possono essere combattuti solo con la logica e laddove i pensieri errati poggino su emozioni negative quali l'odio, l'avidità, il predominio è necessario portare le persone a un nuovo livello emozionale. È possibile combattere capitalismo e comunismo promuovendo le cooperative che sono a favore della proprietà privata che è in sé democratica perché tutela l'individuo di fronte al dominio dello stato e che favoriscono la libertà imprenditoriale fintantoché questa non soffochi la libertà delle altre imprese quindi fintantoché non cerchi grandi profitti per il singolo.

Non è detto che le cooperative attualmente siano complete o rappresentino la cura per tutto. Esse sono per lo più gruppi isolati ciascuno responsabile della propria gestione. Lo sviluppo dovrà portare a un'economia pianificata comune basata su una costruzione di tipo democratico a partire dal basso, quindi non attraverso una dittatura. Il suo inserimento nella politica sarebbe semplice: in Inghilterra i membri delle cooperative fanno già parte del partito laburista. Non appena le cooperative si organizzeranno in un sistema nazionale, non si dovranno fermare ai confini del singolo stato, ma potranno continuare il proprio percorso evolutivo verso una cooperativa internazionale. In un'economia internazionale di questo tipo le dogane sarebbero superflue perché le tasse producono profitti. Solo allora sparirà anche la paura che i popoli che godono di un alto tenore di vita possano mantenerlo ai danni dei popoli più poveri perché l'impostazione dell'economia sarà tale da aumentare gli standard di vita dei popoli arretrati anziché distruggerne il potere d'acquisto mediante la guerra o impedirne lo sviluppo come avviene in alcune colonie.

Un sistema internazionale di tipo cooperativo può essere realizzato solo in virtù di una fondamentale rinuncia al nazionalismo. Nel concetto di sovranità si nasconde infatti l'egoismo economico del singolo stato. Le espressioni già ricordate quali "America first", "L'Asia agli asiatici", "Deutschland über alles" ecc. hanno il loro parallelo sul campo economico che si concretizza nelle dogane, nella follia delle quote, nell'ostacolare i traffici a mezzo di visti e passaporti, nella suddivisione in infinite valute ecc., tutte misure che portano al risultato contrario a quello auspicato dai nazionalisti. La loro ideologia nazionalista offusca la loro stessa intelligenza a danno proprio e di tutti. Una persona non esperta del settore non può dichiarare qui altro che il suo favore al libero scambio e all'apertura delle frontiere. Un'esposizione dettagliata del tema presupporrebbe anni di studio, nonché anni di esperienza pratica. Al contrario, per convincersi almeno in linea di principio basta disporre di razionalità, formazione logica ed elasticità per liberarsi in ogni momento di eventuali interpretazioni errate. La cosa peggiore è il rigido indottrinamento e il conseguente rigido dogmatismo che rende tanto i capitalisti quanto i comunisti incapaci di verificare in modo neutrale ogni teoria, compresi i principi democratici dell'economia cooperativa.

Cerchiamo di sintetizzare quanto esposto. L'ideale dell'anarchia degli stati sovrani sul piano economico altro non è che autarchia. Il comunismo dovrebbe portare, dopo aver conquistato tutti gli stati con la promessa di una pancia piena per tutti e di una dittatura del proletariato, alla dittatura di una ristretta minoranza, nonché alla proletarizzazione dell'umanità e all'arresto e tramonto di tutte le maggiori culture basate sulla libertà di pensiero e creazione di coloro che veramente ne sono dotati. L'ideale della democrazia internazionale è una pianificazione internazionale volta a raggiungere l'armonia, quindi una cooperativa internazionale in cui tutte le nazioni siano partner con pari diritti, liberi dalla dittatura e dalla tendenza al vantaggio del singolo, nonché senza alcun diritto di veto. Le tre maggiori forme politiche dell'anarchia, della democrazia e dell'autocrazia corrispondono alle tre maggiori forme economiche del capitalismo, della libera cooperativa e della cooperativa coatta o comunismo. La democrazia politica corrisponde alla forma delle cooperative economiche libere in quanto entrambe sono frutto di un pensiero produttivo ed etico. Siamo partiti dicendo che il primo diritto umano è il diritto alla vita. Il primo dei doveri umani allora è il dovere di lavorare e produrre sulla base di un pensiero positivo; il lavoro democratico è un lavoro libero, svolto per la mera soddisfazione derivante da esso e, conformemente allo spirito cooperativo, per il bene di tutti ed espressione della libera umanità. Il diritto alla vita è legato al dovere di vivere in modo retto e giusto. Questo è l'obiettivo che le persone e le nazioni devono seguire al fine di realizzare un'economia internazionale.

9. NAZIONALISMO E COSMOPOLITISMO

La politica internazionale interessa tutte le singole nazioni del mondo, al contrario il governo internazionale deve essere sovra nazionale. Entrambi devono confrontarsi con il fatto che l'umanità è divisa in nazioni, ma mentre la politica internazionale sostiene le stesse, il governo internazionale in un certo senso non le vede di buon occhio, in quanto non potendone negare l'esistenza, né potendole trascurare, deve rapportarsi con esse senza cadere nel nazionalismo e senza appartenere in fondo a nessuna di esse.

Dobbiamo operare una differenza tra nazionalità e nazionalismo. L'esistenza delle nazioni determina la nazionalità di ciascun individuo. Ogni individuo fa contemporaneamente parte dell'umanità e di un singolo popolo all'interno di essa; l'umanità gli è per così dire innata, mentre la nazionalità è acquisita crescendo in un determinato ambiente che ha sviluppato caratteristiche proprie nel corso della storia, quali una lingua, delle tradizioni, delle credenze, un'educazione, uno stile di vita, una visione del mondo e della vita. La nazionalità è il mezzo da cui siamo circondati fin dall'infanzia attraverso cui costruiamo il nostro personale mondo intellettuale. A questo mezzo associamo sentimenti d'amore ed esso diventa il fine delle nostre azioni laddove ci battiamo per il suo mantenimento e lavoriamo per il suo miglioramento. Alcune persone si convincono del fatto che il carattere della propria nazione debba essere costante o ritengono di dover operare in modo da mantenerlo invariato, tutelandolo quindi dalle influenze esterne. Ammettere che qualcosa possa essere influenzato contraddice la convinzione che questo qualcosa sia costante, e per gli storici è facile descrivere la trasformazione dei caratteri nazionali.

Il nazionalismo deriva dalla cura della nazionalità. Ai sentimenti di attaccamento per l'ambiente dell'infanzia, della famiglia, della patria si affianca successivamente, anche se in forma indefinita, il sentimento d'amore per il proprio popolo da cui progressivamente deriva l'impegno personale a incarnare il carattere nazionale nella sua forma più pura. La parola impegno cela al suo interno la trasformazione del sentimento nazionale in un'esigenza etica dal carattere educativo. Da quando le nazioni sono diventate consapevoli delle proprie differenze, il fattore nazionale ha aperto una sorta di competizione simile a quella che può esistere tra gli studenti più ambiziosi all'interno della stessa classe. Il sentimento nazionale ha avuto quindi effetti positivi quali l'autovalutazione e la cura della dignità nazionale, tuttavia non si è fermato al rispetto e al perfezionamento della propria nazione, ma è sfociato nella sopravvalutazione della stessa ai danni delle altre. Il nazionalismo ha fatto quindi presa sul sentimento nazionale di impegno etico e ha avvelenato l'atmosfera. La sopravvalutazione porta infatti alla vanità nazionale e al sentimento di superiorità nonché, una volta entrata sul piano politico, all'aggressività nei confronti degli altri popoli.

La nazionalità è definita da fattori etnologici e geografici, mentre il nazionalismo è una manifestazione psicologica che trova le sue radici nel singolo individuo e piena espressione nelle masse come fenomeno di psicologia collettiva. È un fertile campo di lavoro per la psicologia umana.

Una delle principali caratteristiche del nazionalismo è la sua irrazionalità data dal contrasto intrinseco tra l'individuo e la nazione nel suo complesso. Il nazionalista, in senso negativo, è un individuo insicuro tendente all'autodenigrazione che, quando però si considera parte del tutto nazionale, acquista un'eccezionale sicurezza fino ad arrivare a sopravvalutarsi. Nel suo cuore questi è quindi piccolo, timoroso e vuoto, ma nel pubblico si presenta come coraggioso, orgoglioso, addirittura irruento e spaccone. Pur essendo una persona della classe media, si sente rappresentato dai facoltosi e dalle celebrità della sua nazione. La sua vita, che consta di piccoli doveri quotidiani, trova per lui scopo nella missione della nazione che ha l'onore di sostenere. È un cittadino impotente e ubbidiente che gode nel sentirsi parte di una nazione potente. Il nazionalismo si sostituisce quindi alla personale carenza di carattere nonché all'amore infelice verso la nazione che da soli non si è in grado di esprimere; esso altro non è che un coturno dell'anima che non inganna nessuno se non il nazionalista stesso. L'illusione che la propria nazione rappresenti valori superiori a quelli di qualsiasi altra fa presto a nascere quando il nazionalista confonde la diversità con un differente livello di valore, quando non dispone dell'istruzione, delle conoscenze linguistiche, della preparazione e dell'obiettività necessarie a studiare le altre nazioni e quando non può contare su un'apertura mentale tale da gioire per la diversità dell'umanità che la rende tanto colorata, ricca e interessante.

Il nazionalismo deve costantemente mentire a sé stesso, adularsi e sfociare in sciovinismo, mentre il sentimento nazionale auspica al reale accrescimento dei valori, alle scoperte in campo scientifico, alle creazioni artistiche e letterarie, all'istruzione, al benessere e alla produzione della nazione. Non è chiaro se si possa delineare una linea di confine tra "nazionismo", se così si può definire, e nazionalismo, dato che le tendenze si manifestano spesso unite. Da un lato ne vengono lodati gli aspetti positivi, dall'altro viene perseguito nella sua negatività. Ognuno ha una nazionalità e quasi tutti provano un grado di nazionalismo in cuor proprio che emerge quando si viaggia all'estero per un breve soggiorno o, in maniera più forte, quando si è costretti a trovare una nuova esistenza come emigrato o asilato politico in un ambiente dalla lingua e dalle tradizioni diverse.

Chi intende portare il proprio popolo in guerra, forzatamente o a mezzo di una sapiente opera di convinzione, sa bene che il nazionalismo è il mezzo più efficace per fanatizzare le masse. È così facile rappresentare la propria nazione come migliore e al contempo vittima di ingiustizie. La guida politica sale quindi sul podio artificiale della grandezza nazionale e inebria sé stessa e il popolo con parole che esaltano il ruolo morale, eroico e tragico che sono chiamati ad assumersi. L'eccitazione bellica di tipo nazionalista è il riflesso della vanità delle masse nello specchio dell'ideale di sovranità. Il nazionalismo è stato un potente carburante per entrambe le guerre mondiali, nonché la scintilla di ogni aggressione. Ci si aspettava che la conquista di altri paesi e la vittoria su nazioni meno adeguatamente equipaggiate potesse essere la prova della superiore qualità dello stato aggressore e che quindi la guerra determinasse una graduatoria tra nazioni. Ci si sbagliava nel credere che la civiltà di una nazione potesse essere misurata mediante il proprio esercito. La vittoria di coloro che inizialmente hanno combattuto per difendersi ha salvato per un attimo l'idea della democrazia, ma i vincitori minacciano ora di cadere vittime di un nuovo nazionalismo e una nuova aggressività che porterebbe alla reciproca fine. Il nazionalismo rende ciechi di fronte ai propri errori e alle proprie debolezze, nonché ciechi di fronte ai successi altrui, affilando i contrasti e promuovendo contrapposizioni tra nazioni, che in realtà non sono tali, ma sono solo diversità.

Il nazionalismo custodisce gelosamente l'ideale della sovranità paragonando la rinuncia ad essa alla rinuncia al carattere nazionale nel suo complesso. Questo avviene però quando si confonde il nazionalismo con la nazionalità, a cui per altro non si può rinunciare dal momento che è innata. Il nazionalismo difende tutti i caratteri negativi della politica nazionalista quali la guerra, l'imperialismo con il conseguente sfruttamento delle colonie, i pregiudizi razziali, la limitazione dell'immigrazione, la rimozione coatta delle minoranze, il dogma secondo cui il paese e il territorio appartengano a un'unica nazione e l'illusione dell'autarchia e dell'economia doganale. Sono stati scritti libri in merito a ognuna delle caratteristiche sopra elencate, ma forse sarebbe più urgente spiegare alle masse che è stato fatto un errore di scambio tra l'idea di confini statali e confini nazionali. A seguito della prima guerra mondiale si è cercato di tracciare dei confini nazionali in Europa, talvolta ignorando l'effettiva distribuzione delle nazionalità, ma questo ha provocato l'emergere di situazioni che hanno causato lo scoppio della seconda guerra mondiale e oggi si sta rischiando di ripetere lo stesso errore. Ma il ricordo del corridoio polacco e di Danzica non ci devono fare credere che la causa dello scoppio della guerra siano stati solo in confini nazionali, basati o meno sull'effettiva conoscenza della distribuzione etnografica. I confini nazionali esistono solo laddove siano raggruppati individui della stessa nazionalità con una minima percentuale di abitanti di un'altra nazionalità. Da questa definizione di confine nazionale deriva l'impossibilità di definire veri e propri confini nelle zone dove sussistono insediamenti di differenti nazionalità. Negli Stati Uniti, in occasione di lunghi viaggi in macchina, è possibile imbattersi in piccoli insediamenti con cartelli scritti in russo, caratterizzati da piccole chiese di stile russo con le tipiche guglie, per poi attraversare insediamenti tedeschi e olandesi, ma a nessuno verrebbe mai in mente di tracciare confini nazionali tra un insediamento e l'altro perché tutti si ritengono americani. Voler tracciare confini nazionali ovunque, anche laddove non ve ne sono, è incomprensibile da un punto di vista logico, ma il nazionalismo ha poco a che fare con la logica, bensì è dettato dall'irrazionale ricerca del potere. Laddove il reale confine nazionale non si trovi là dove il nazionalismo ritiene debba essere, questi lo sposta con violenza e indipendentemente dal nazionalismo degli stati confinanti, così come è avvenuto ad esempio in Alto Adige. Il nazionalismo diventa quindi il pretesto per la conquista di territori e fonti energetiche per l'esercito, e gli strateghi sono sempre vittime del pressante desiderio di ampliare i propri confini, fino a includere dapprima il campanile più prossimo, poi il ponte successivo, poi la montagna ecc.

A lungo termine i confini di un territorio non possono più essere definiti nazionali, perché le persone non sono più sedentarie, ma migrano. I confini interni sono necessari per l'amministrazione, in quanto rendono possibile e facilitano l'attività burocratica dell'amministrazione comunale e provinciale delle varie istituzioni, e i confini esterni sono altrettanto importanti perché definiscono l'ambito entro cui sono da considerarsi valide le leggi di uno stato. Sono proprio questi confini esterni a diventare l'oggetto di contenzioso, come se fossero qualcosa di diverso dai confini amministrativi. E in effetti diventano qualcosa di diverso quando la politica intende estendere la validità del proprio ordinamento su territori stranieri. Questo altro non è che il significato più profondo e meno nascosto della sovranità esterna. I confini esterni smettono di essere un problema e smettono addirittura di esistere quando gli stati si fondono liberamente a formare un'unione, quando quindi vengono trasformati in confini interni e il confine esterno passa ad essere quello che delimita l'unione intera. I quarantotto stati degli Stati Uniti d'America non si contendono i propri confini. Il porto di New York è territorio dello stato di New York dalla riva sinistra dell'Hudson, mentre è territorio del New Jersey a destra. Ciononostante New York non rappresenta una questione internazionale come Danzica o Trieste e nessuno parla di retroterra newyorchese, dal momento che il retroterra di New York è il globo intero.

In una federazione internazionale i confini esterni scomparirebbero e i confini interni potrebbero essere spostati senza problemi per ragioni amministrative o economiche. I confini nazionali esisterebbero senza avere una particolare importanza e si sposterebbero senza attriti conformemente ai fenomeni migratori di grandi percentuali di nazionalità. I confini di per sé non costituiscono un problema di giustizia: quest'ultimo emerge solo quando l'ingiustizia dettata dalle politiche del potere la chiama in campo. I reali confini tra le nazionalità in quanto geografia della loro diffusione e capitolo geografico dell'etnografia sono legati al problema della giustizia tanto quanto lo potrebbero essere le carte botaniche o zoologiche. Continuare a negoziare sui confini europei appellandosi alla necessità di introdurre confini nazionali ed equi distoglie l'attenzione dal nostro reale interesse, dal vero problema della nostra generazione, ovvero la creazione di un governo internazionale, per portarla su un problema marginale di cui dovrebbero occuparsi i tecnici amministrativi locali. Si continua a rimanere legati a un ormai datato nazionalismo, padre di ogni guerra, anziché convertirsi a un deciso cosmopolitismo.

Il cosmopolitismo si basa sulla parentela etnologica comune che unisce l'intera umanità e, pur riconoscendo l'esistenza di molte nazioni, non rimane legato all'adorazione di una sola di esse promuovendo al contrario l'idea dell'umanità come complesso. Il concetto di umanità supera quello di nazionalità. L'umanità concede ad ogni nazione il diritto di esprimersi e pretende in cambio il dovere di rispettare lo stesso diritto delle altre nazioni. Mentre il nazionalismo limita l'individuo, il cosmopolitismo ne amplia gli orizzonti fino a raggiungere quelli che sono i confini della nostra esistenza; esso crea un nuovo livello di fiducia senza per questo influenzare quello già esistente nei singoli stati; è universale come l'etica assoluta e rappresenta la liberazione delle nazioni dalle tendenze anti etiche, dalla concorrenza sleale reciproca, dal sospetto e dall'odio.

Trasformare i nazionalisti in cosmopoliti è un'impresa ardua. Chi infatti è cresciuto con questa limitazione teme la parola "internazionale" che ricorda l'espansionismo comunista e la sua forma autocratica e priva di libertà odierna. Ma il cosmopolitismo non è internazionale, bensì sovra nazionale. La parola cosmo significa ordine e, in senso lato, indica il mondo ordinato. La cosmopolitica è quindi l'amministrazione ordinata e l'ordinamento giuridico dell'umanità; è il governo internazionale, nonché il complesso di tendenze sociali, economiche e politiche che portano all'amministrazione democratica, etica e pacifica dell'umanità. Il cosmopolitismo è un atteggiamento psicologico che presuppone una determinata maturità umana da coltivare tramite l'istruzione individuale. Il cosmopolita rimane comunque membro fedele della propria nazione che serve anzi meglio di quanto possa fare un qualsiasi altro cittadino che si definisce nazionalista.

Il governo internazionale sarà essenzialmente cosmopolita. Il senato internazionale rappresenterà inizialmente la suddivisione nazionale dell'umanità e, dal momento che ognuno manterrà la propria nazionalità, è bene che sia così, al contrario la camera dei rappresentanti internazionale sarà cosmopolita fin dall'inizio. Essa dovrà altresì mantenere una sufficiente influenza sull'elezione degli amministratori internazionali e sulla nomina dei maggiori ufficiali della polizia internazionale affinché il governo internazionale sia veramente un governo al di sopra delle nazioni. Infine, per quanto riguarda la magistratura internazionale, il cosmopolitismo non ne è che un presupposto necessario.

Il potere che il pensiero nazionalista ancora esercita all'interno delle singole nazioni fa apparire queste riflessioni come altamente utopistiche o avventate. Eppure non si può negare che esistano già tendenze al cosmopolitismo. Certo non si può dire che il fatto che gli astronomi si scambino le proprie osservazioni sulle stelle indipendentemente dalla loro nazionalità sia un presupposto per la stessa solidarietà sulla Terra, eppure in tutte le scienze vi è una tendenza al cosmopolitismo, a partire dalla logica e dalla matematica per passare attraverso le scienze naturali, l'antropologia e l'etnologia e le scienze umane, come la filosofia, la filologia ecc. ad eccezione della storiografia che è spesso sfacciatamente nazionalista e raramente tenta di assumere uno sguardo cosmopolita. Quasi ogni tipo di musica può essere compresa a livello internazionale, sebbene da orecchie esperte e via dicendo. Tutti questi spunti dimostrano la possibilità di avviare un cosmopolitismo, sebbene non siano sufficientemente convincenti. D'altra parte, invece, ci si può lasciar convincere osservando i campi della tecnica, dei trasporti, dell'informazione, dell'igiene e del commercio che sono già globali e per i quali i confini tra stati rappresentano solo un datato ostacolo per la loro piena realizzazione, come rappresentano un uguale ostacolo per i viaggi, limitati dalle norme sui visti che sono stati reintrodotti dopo la prima guerra mondiale. Un futuro governo internazionale migliorerà la situazione. Ci possiamo sicuramente aspettare che sia così perché si tratta di un circolo: la creazione di una federazione internazionale e di un governo internazionale sarà possibile solo quando scomparirà il nazionalismo e prenderà il sopravvento lo spirito cosmopolita. Allo stesso modo possiamo aspettarci che i progressi della tecnica spingano verso questa direzione. Anche le conseguenze della seconda guerra mondiale rivelano aspetti positivi in questo senso; i popoli si avvicinano, imparano a conoscere la Terra in prima persona, stringono amicizie e formano unioni e capiscono che ci deve essere un modello migliore rispetto a quello tradizionale, sviluppando uno spirito scettico nei confronti delle fanfare del nazionalismo. Ci stiamo avvicinando al cosmopolitismo sebbene con lentezza e attraversando le peggiori esperienze che però ci fanno capire come la strada del nazionalismo non possa proseguire oltre. Le persone imparano.

Si tratta di innocente ottimismo? Le persone sono pur sempre impaurite e avide di potere, invidiose e avare, piene d'odio e di vanità, limitate dai pregiudizi e dall'ignoranza. Allo stesso modo coloro che si sono arrogati determinati privilegi faranno di tutto per mantenerli e dispongono della forza e della freddezza necessarie a tale fine. Come non ammettere tutto questo? Eppure esistono anche persone diverse che non temono i potenti, che vogliono assumere esse stesse il potere non per scopi personali o fini a sé stessi, ma per il bene, che considerano il denaro non un fine ultimo e che sanno che, sebbene non sia possibile cambiare la natura umana, è possibile educare le persone al bene anziché al male, eliminando le istituzioni malfunzionanti. Queste persone ci sono sempre state a mantenere l'equilibrio con le altre; sono coloro che si sono battuti contro l'Inquisizione e la caccia alle streghe, hanno contrastato le guerre di religione che, come l'Inquisizione stessa, uccidevano in nome di Cristo, hanno combattuto la schiavitù, la superstizione, l'odio razziale, la falsità, la propaganda e vinceranno contro l'illusione della sovranità, l'euforia della guerra e il nazionalismo.

Certo, si può tacciare tutto questo come innocente ottimismo, ma chi oggi potrebbe ancora vivere senza ottimismo? Certo non bisogna essere ciechi ottimisti, così come non bisogna essere ottusi pessimisti, ma bisogna pur sempre continuare a sperare.

10. MILITARISMO, PACIFISMO E PACE INTERNAZIONALE

I vincitori del 1945 hanno combattuto contro Giappone, Italia e Germania per difendersi dalla loro offesa; hanno quindi dato una giustificazione morale alla loro guerra definendola una guerra di difesa, e i milioni di soldati e civili che sono caduti erano convinti di servire una giusta causa. L'offesa è riprovevole, ma la difesa è un dovere, e questo vale anche dopo la vittoria. Per questo molti sostengono: "noi vincitori non intendiamo assolutamente attaccare nessuno, ma dato che nessuno può dire chi attaccherà in futuro è nostro dovere armarci in modo migliore rispetto a quanto abbiamo fatto prima della seconda guerra mondiale". L'esercito, responsabile di questo processo, cerca di svolgere al meglio il proprio compito pur riconoscendo, come è chiaro a tutti, che la tecnologia moderna nel campo delle armi sta conoscendo uno sviluppo tanto rapido da rendere di anno in anno i mezzi di difesa disponibili sempre più inutili. È comprensibile quindi che nella confusione si tenda a tornare alla vecchia dottrina militare secondo cui la miglior difesa è l'attacco. Ecco che ci troviamo nella stessa posizione ricoperta prima dal Giappone e dalla Germania, sebbene i giapponesi, e ancor meno i tedeschi, potessero presentare il proprio attacco come una difesa. Come salvarci da questo circolo vizioso? È necessario impedire agli eserciti di qualsiasi paese di confondere l'attacco con la difesa e di sfruttare il presupposto della difesa per distruggere interi continenti a mezzo di bombe atomiche e armi chimiche e batteriologiche. Le autorità civili sono chiamate a sorvegliare costantemente e in ogni dove questi difensori vogliosi di attaccare e a limitarli.

Negli Stati Uniti i dibattiti in merito alla Commissione per il controllo dell'energia atomica hanno confermato quanto questo sia ormai chiaro a tutti. L'esercito deve essere sottoposto all'autorità civile e il comandante massimo della guerra, se ancora ve ne saranno, non può essere un generale. I generali infatti sono abituati a pensare e operare in senso militare e diventano spesso autocrati occasionali. La supremazia dell'esercito sull'autorità civile è detta militarismo. La Germania offre un chiaro esempio dato da secoli di formazione continua della popolazione in strategia militare: la figura del maresciallo che obbedisce agli ordini provenienti dall'alto per ordinare a sua volta verso il basso divenne in questo paese un modello per ampie cerchie di professori, funzionari medi e media borghesia, così come la figura dell'ufficiale divenne un modello per gli insegnanti della scuola media, professori e studenti. La cieca ubbidienza si impadronì dell'intera nazione tedesca e il processo di militarizzazione trovò il suo apice nello stato totalitario dei nazisti. Oggigiorno sappiamo tutti che è andata così e molti quindi sperano in una democratizzazione degli eserciti. Ma gli eserciti di per sé non sono democratici: i soldati non eleggono i sottoufficiali e gli ufficiali e l'intero esercito è comandato dal vertice. Ammesso che gli eserciti degli stati democratici siano più democratici rispetto a quelli degli stati totalitari, essi rimangono pur sempre fondamentalmente anti democratici. La scelta non deve ricadere tra un esercito a guida autocratica o democratica, bensì tra l'esistenza o meno dell'esercito stesso. Sappiamo che l'istituzione di un governo internazionale renderebbe superflui gli eserciti, dal momento che si avrebbe a disposizione una polizia internazionale che, a disarmo completato, impedirebbe qualsiasi tentativo di riarmo. Ma dato che attualmente non possiamo contare su un governo internazionale esistente, né su una polizia internazionale, dobbiamo puntare sul concetto di esercito democratico come sostituto. Al momento non possiamo ancora permetterci di esistere senza un esercito e abbiamo bisogno degli ufficiali durante questo periodo di transizione. È proprio perché ci troviamo in una fase di passaggio che dobbiamo accontentarci di una soluzione a metà quale quella di un esercito democratico, ma dobbiamo adoperarci affinché questa soluzione a metà non trovi il suo completamento in uno stato totalitario e militarizzato, bensì nel disarmo di tutti gli stati. Tutto quello che possiamo fare in questo stadio intermedio è impedire che gli eserciti introducano una forma di militarismo. Le Nazioni Unite si occupano di sorvegliare in particolar modo quegli stati governati da sedicenti generali.

I pacifisti rifiutano la differenza tra guerra offensiva e guerra difensiva; per loro ogni guerra è amorale e riconoscono solo la differenza tra guerra e pace, rifiutando tanto il militarismo quando l'istituzione dell'esercito e dichiarando di non voler attaccare nessuno, né di volersi dover difendere da alcuno. Predicatori isolati del pacifismo sono esistiti fin dai tempi di Isaia che nel 701 a.C. sostenne la resistenza passiva contro Sennacherib di Assiria. Laozi, Confucio, Gautama hanno predicato un comportamento pacifico e Gesù insegnò la pace nel suo pieno significato. Non abbiamo bisogno di definire nuovamente il significato di pace in quanto è già stato definito nel migliore modo possibile. Quello che invece dobbiamo fare è vivere secondo questa definizione. Molti l'hanno fatto. Nell'ambito del cristianesimo la dottrina secondo cui non bisogna rispondere al male con altro male è stata messa in pratica dai martiri e dai santi la cui vita è stata lodata in poetiche leggende. La stessa fondazione degli ordini monastici e di suore non è altro che l'evoluzione di generazioni di comunità pacifiste organizzate giunte fino a noi; in seguito diverse persone si sono unite per fondare sette religiose che, pur non obbedendo ai voti quali la povertà, la castità e l'obbedienza, si sono dichiarate convinte pacifiste: gli albigesi, i valdesi, i moraviani e molti altri tra cui anche la comunità religiosa attualmente attiva dei quaccheri. Dal 1815 sorsero le prime comunità pacifiste prive di una base religiosa. Così come nel cristianesimo, anche nell'ambito di altre religioni mondiali vi sono stati movimenti pacifisti, santi e ordini religiosi. Nella nostra generazione Gandhi è il maggiore rappresentante della dottrina della resistenza passiva.

Questo tipo di pacifismo che rifiuta radicalmente la violenza e risponde ad essa con una muta sopportazione si basa sulla convinzione che questo modo d'agire sia a lungo termine l'unico in grado di apportare un cambiamento nell'umanità. Senza dubbio coloro che si sacrificano meritano il nostro rispetto e la nostra ammirazione, ma ciò non toglie che da parte nostra noi siamo altrettanto convinti del fatto che l'umanità non potrà essere migliorata solo attraverso il buon esempio. Il metodo della non violenza predicato da Gandhi ha registrato un incredibile successo in India, ma non altrove, non in Germania ad esempio. In India la polizia inglese smise di attaccare le persone con le sue sciabole di fronte alla loro assenza di difesa. Ma i poliziotti inglesi sono generalmente dei gentlemen. I nazisti al contrario si sono decisamente rifiutati di comportarsi come tali e, seguendo l'ideale della "bestia bionda", non hanno sospeso le torture e i metodi di annientamento ai danni degli ebrei sebbene questi praticassero da centinaia di anni, e quindi anche dopo il 1933, lo stesso metodo della non violenza predicato da Gandhi. Così come erano disumani nei confronti degli ebrei, lo erano anche nei confronti delle persone di altre nazioni e nei confronti degli stessi prigionieri tedeschi che pure non tentavano di difendersi dato che non avevano modo di farlo. Il sadismo, del resto, non è una caratteristica propria di una razza in particolare o di una specifica nazione; esso si manifesta in tutte le nazioni e le razze senza eccezione, viene coltivato attraverso il culto della vendetta e continuamente alimentato dalla teoria secondo cui sia possibile imporre la propria volontà mediante il terrore e la punizione. Sono ogni volta i singoli a cadere vittime di simili combinazioni di sentimenti primitivi e animaleschi e dottrine superficiali, ma il loro successo non può che essere temporaneo perché basato sul terrore che causa sempre un contro terrore. Quest'ultima riflessione non deve portare alla conclusione che anche l'amore generi amore: la non violenza non è un mezzo efficace in assoluto per creare la pace.

Coloro che non intendono difendersi e che si dichiarano pronti al sacrificio dimenticano che non sono i soli a dover sopportare le conseguenze delle proprie decisioni. Su questa riflessione si basa la critica di quel pacifismo personale e radicale che deve andare a fondo per scoprire il proprio errore di valutazione. Per fugare subito eventuali malintesi specifichiamo immediatamente che le numerose vittime della teoria della non violenza non sono comunque morte invano dato che con il loro eroismo hanno dichiarato pubblicamente la follia della violenza, diffondendo in cerchie sempre più ampie la consapevolezza che ci sia qualcosa di sbagliato in questo ordinamento sociale in cui viviamo da millenni, altrimenti non morirebbero sempre le persone pacifiche. La critica che solleviamo qui al pacifismo assoluto non è rivolta alle singole persone, bensì alla pretesa di fondo di voler prendere personalmente una decisione che spetta all'umanità.

I pacifisti ammettono che è un dovere aiutare una persona che sta affogando salvandola dall'impeto delle acque che sono un elemento naturale, ma non ammetterebbero mai che è altrettanto un dovere intervenire a difesa di un perseguitato, sebbene anche questi sia vittima di un elemento naturale, l'elementare smania di combattere dell'uomo. Laddove invece ammettessero quest'ultimo dovere, allora dovrebbero difendersi e salvarsi non appena diventano vittime perché in questo caso assumerebbero un doppio ruolo. Non ammettono questo perché la loro logica li porta alla conclusione che qualcuno dovrà pure iniziare a smettere di usare metodi violenti, altrimenti il processo non avrà mai fine. Chi la pensa diversamente si rifiuta di lasciarli morire e insiste affinché si intervenga come nel caso di una persona che sta per affogare e si rifiuta di nuotare. Alla base di questo rifiuto di rimanere a guardare vi è il sentimento di corresponsabilità. Si ritiene infatti che le vittime volontarie della teoria della non violenza attraverso i propri metodi siano corresponsabili della morte di altre persone, come la propria famiglia, gli amici e figli che non hanno facoltà di giudizio in merito a tali questioni. La resistenza passiva in sé è, per così dire, una questione privata, ma diventa affare comune quando tutti diventano vittime e tutti devono quindi essere salvati. Ed ecco di nuovo emergere la parola "tutti".

Gli ultra democratici sostengono che tutti abbiano diritto a dire ciò che vogliono; gli ultra capitalisti sostengono che tutti abbiano diritto a conquistare tutto; gli ultra pacifisti sostengono che sia necessario avere un atteggiamento pacifico nei confronti di tutti, quindi anche nei confronti di chi pacifico non è. Affinché la teoria secondo cui sia necessario avere un atteggiamento pacifico nei confronti di tutti possa avere un senso, essa deve essere necessariamente completata da un'appendice, ovvero nei confronti di tutti ad esclusione di chi vuole distruggere la pace, altrimenti non ha ragione di esistere. La difesa della pace non è un compito che spetta al singolo, ma una funzione della comunità nel suo insieme, ovvero dell'umanità. Siamo contrari al fatto che i pacifisti, che il più delle volte sono le persone più morali che esistano, si sacrifichino. La difesa infatti è un dovere e l'umanità ha il dovere di difendere i singoli individui. La tesi secondo cui l'autodifesa non faccia altro che perpetuare la violenza è corretta, ma è pur vero che anche la completa rinuncia alla difesa porta allo stesso risultato. Naturalmente la soluzione è già stata trovata da tempo e si concretizza nell'istituzione pubblica della polizia all'interno di ogni stato che ha il compito di tutelare il singolo e arrestare l'aggressore, che ha il suo parallelo nella polizia internazionale che dovrebbe tutelare le nazioni e sottoporre a processo ogni persona che attacca una nazione. Come già detto, nella vita privata nessuno di noi gira più armato perché può contare sulla polizia; allo stesso modo le nazioni non avranno più bisogno di un esercito in presenza di una polizia internazionale. Generalmente anche i pacifisti più radicali ritengono che sia opportuno instituire tale organo perché vi è una fondamentale differenza: mentre infatti in guerra si è costretti a entrare nell'esercito e uccidere altre persone anche contro la propria volontà, nessuno è costretto a diventare un poliziotto se non lo desidera. L'esercito non ammette che la guerra e l'omicidio siano la stessa cosa e i militari sono accaniti oppositori degli obiettori di coscienza.

Il conflitto tra esercito e pacifismo è analogo al già visto conflitto esistente tra autocrazia e anarchia. I pregiudizi tanto radicati correlati alla parola anarchia rendono a prima vista ingiusta l'associazione che ne viene fatta con il pacifismo, un movimento dal carattere tanto nobile e sociale. Eppure il pacifista e l'obiettore di coscienza in particolare prendono in mano la legge ponendosi al di sopra di essa e arrogandosi il diritto di giudicare l'esercito autocratico. L'unica soluzione possibile è intervenire per modificare le leggi rendendole pacifiste. Sarebbe bello poter educare tutte le persone al pacifismo personale ed è bello che vi sia chi fa di questo il suo obiettivo, sebbene il successo sia limitato fintantoché non vedremo pacifisti al governo. L'elemento anarchico dei pacifisti è rappresentato proprio dal fatto che questi non siedono al governo. Certo essi potrebbero ribattere che lo farebbero volentieri se solo la classe dirigente glielo permettesse invece di rifiutarsi di ascoltare i loro avvertimenti. Questo è vero, ma i pacifisti non dovrebbero opporsi al loro stesso governo e alle leggi del loro stesso paese senza prima aver istituito un governo internazionale. Essi potranno raggiungere il loro obiettivo solo quando avranno prima raggiunto l'altro perché solo così saranno create le uniche condizioni possibili per realizzare una piena pace.

Più di un pacifista è già arrivato a questa conclusione e a tal proposito vogliamo citare il dialogo del marchese di Lothian con un pacifista e obiettore di coscienza, dal momento che il modo in cui è formulato è piuttosto classico:

"Il secondo punto (in merito all'organizzazione della futura federazione delle nazioni) che voglio sostenere si evince da una discussione che ho avuto alcuni mesi fa (1935) con un eminente pacifista americano, un uomo di Chiesa, durante la quale sono emersi chiaramente i principi base del caso. Il mio amico ha preso posizione negli Stati Uniti come radicale pacifista sulla base di alcune direttive che non si discostano da quelle condivise in Inghilterra dal Reverendo Dick Sheppard. Egli è giunto alla conclusione che la guerra sia ingiusta. Ha dichiarato pubblicamente che in nessuna circostanza prenderà parte a una guerra in futuro e che preferirebbe andare in carcere piuttosto che aderire al servizio militare. Di recente ha aiutato a distribuire ventimila circolari agli uomini di chiesa degli Stati Uniti; in quattordicimila hanno risposto che secondo loro la Chiesa cristiana in futuro dovrebbe rifiutarsi di sanzionare o sostenere una guerra; in tredicimila che secondo il loro attuale punto di vista si sarebbero rifiutati in futuro di combattere in una guerra; in ottomila che si sarebbero rifiutati di servire come cappellani militari.

"Gli chiesi quindi: "Come concilia questa forma di pacifismo negativo con il riconoscimento della polizia all'interno dello stato? Se non si impedisce l'assenza di leggi e l'aggressione a livello internazionale, presto o tardi trionferà il crimine, così come avverrebbe all'interno di uno stato se cittadini e polizia non intervenissero." Egli rispose: "Ammetto la logica della sua posizione. Ma la mia tesi si basa sul fatto che il mio governo non mi offre una vera scelta. Nel 1920 ha respinto il movimento per l'organizzazione della pace internazionale, che pure era stata promossa dal trattato della Società delle nazioni. Non ha acconsentito a incontrare i governi alleati, né a partecipare alla creazione o al completamento di trattati e leggi per i governi nazionali, né a limitare gli attacchi delle nazioni criminali. Ha deciso per l'anarchia. In questo modo non mi è stata data la possibilità di sostenere la supremazia della legge tra le nazioni, che sarebbe l'unica via per la pace. Ne consegue che laddove il mio paese entrasse in guerra, io sarei obbligato a uccidere i miei fratelli non al fine di mantenere la supremazia della legge tra le nazioni, ma per perseguire i fini personali dello stato. Non fa differenza se questi fini siano buoni o cattivi. Mi verrebbe richiesto di perseguire il fine della mia nazione a mezzo della guerra, quindi uccidendo tedeschi, francesi, cinesi, giapponesi, in breve tutte persone che ai miei occhi sono figlie di Dio tanto quanto i miei compatrioti. Ritengo che questo sia omicidio e mi sono ripromesso, così come hanno fatto tanti altri, di non avere nulla a che fare con tutto questo. Saremo convinti obiettori di coscienza (none cooperators in the process of war) e andremo volontariamente in prigione in virtù delle nostre convinzioni".

Al che risposi: "Non ha nulla in contrario al fatto che un poliziotto impieghi la violenza e non gli rifiuterebbe il suo aiuto, anche se si dovesse arrivare all'uccisione di un criminale, se fosse necessario per proteggere innocenti e garantire la legge". "No" rispose, "Sosterrei la legge". "Posto che" ripresi "esistesse un senato internazionale, una reale federazione di stati che si occupasse degli affari sovra nazionali, lei ammetterebbe di avere nei suoi confronti lo stesso dovere di sostegno al fine di garantire la legge con ogni mezzo, anche se violento, così come ammette di avere negli Stati Uniti?" "Sì", disse, "se davvero esistesse un simile stato a rappresentanza dell'intero popolo, questo avrebbe il diritto di pretendere il mio sostegno perché lo stato avrebbe in questo caso come fine ultimo il bene dell'umanità e come dovere quello di impedire lo scoppio di una guerra e di risolvere i problemi sovra nazionali con mezzi legali e giuridici ben diversi dalla guerra". "Quindi lei è un pacifista solo perché non vede nulla di buono, ma solo tanto male nella guerra in un mondo anarchico. Laddove esistesse una federazione internazionale, non avrebbe senso essere pacifista. Sarebbe un obbediente cittadino sia della sua nazione che del mondo". Rispose: "Esatto".

Il dialogo riportato è stato pronunciato e scritto dodici anni fa. In esso viene menzionato quasi tutto: riconoscimento della polizia e della legge, riconoscimento del fatto che la guerra altro non è che omicidio, che anche le persone appartenenti agli altri stati sono ugualmente figli di Dio, che nel 1920 gli Stati Uniti hanno mancato al proprio dovere, che una federazione internazionale renderebbe superfluo ogni tentativo di pacifismo individuale e che ogni pacifista in questo caso sosterrebbe la legge internazionale. Il reverendo americano di cui non si fa nome definisce a ragione lo stato del 1935 come un'anarchia di stati e sostiene che la società stessa è colpevole di questa anarchia dei suoi uomini migliori. È incredibilmente chiaro quanto il reverendo promuova uno stato internazionale "representative in some way of the people", secondo il pensiero puramente americano, puramente democratico.

A completamento delle riflessioni fatte va detto che in questo tipo di dibattiti sul pacifismo bisogna operare una differenza tra il pacifismo dell'individuo e quello dello stato. È giusto quando gli oppositori del pacifismo sottolineano al singolo pacifista la necessità di difendersi personalmente contro l'attacco di un ladro o di un malato mentale quando non è possibile raggiungere in tempo la polizia, a cui abbiamo fatto fin qui riferimento. Questa situazione non può però trovare un analogo in quella della guerra offensiva in quanto in questo caso si tratta di un'istituzione che abbraccia tutta la Terra. Se si è aggrediti senza via di scampo da un fuorilegge ci si trova disarmati e impotenti in sua balìa, se però si considera la storia della guerra come una catena di attacchi da parte di truppe armate a danno di altre che non aspettano altro che dare prova della propria abilità e del proprio eroismo, allora la questione è ben diversa. La parola che fa la differenza in queste argomentazioni è legittima difesa. La difesa contro un attacco alla persona è difesa personale, quindi non solo consentita, ma anzi dovuta. La difesa dello stato a mezzo di un esercito è tale, ma non può essere definita legittima, nemmeno nei casi come quello della Cecoslovacchia, della Polonia e del Belgio attaccati dalla Germania, perché di fatto ognuno di questi stati possedeva un esercito, sebbene insufficiente. Il caso della Danimarca, invece, va giudicato diversamente in quanto qui si è trattato di reale e altamente eroica legittima difesa contro un attacco vigliacco. È possibile estendere ulteriormente queste riflessioni sull'esercito e sulla legittima difesa, ma non dobbiamo lasciarci fuorviare dal concetto di legittima difesa. L'unica difesa contro un'aggressione è rappresentata da un governo internazionale. Quanto spesso sentiamo la tesi inconfutabile secondo cui dobbiamo armarci contro il nemico nazionale e difenderci come uomini coraggiosi: ebbene sì, è quello che dobbiamo fare, ma non mediante le armi, bensì con la legge.

I pacifisti sono le truppe d'assalto dell'umanità nella guerra per la pace duratura e avranno portato a compimento il proprio compito non appena saranno stati in grado di mobilitare le truppe principali costituite dalla camera dei rappresentanti internazionale e dalla polizia internazionale, unite alle altre parti del governo internazionale. Il governo internazionale deve essere pacifista perché deve creare e mantenere la pace duratura. È però importante non confondere questo pacifismo con quello di tipo individuale. Si sente spesso anche la domanda: perché i pacifisti non sono mai riusciti nel loro intento di raggiungere qualcosa? La risposta è: perché agivano come anarchici, credendo che il loro compito si esaurisse nel condurre individualmente una vita pacifica cercando di alimentare lo stesso sentimento nel cuore degli altri. Come detto, tutto questo è molto positivo, ma non porta a nulla di concreto. Il pacifismo non può fermarsi al livello della singola persona o del privato, non deve nemmeno cercare di agire con metodi anarchici senza l'ausilio del governo, esso deve provenire dal governo stesso, e dal momento che non ci si può aspettare un simile pensiero da nessun governo attuale, possiamo confidare solo in un governo internazionale che farà sì che gli stati possano rinunciare ai propri armamenti per favorire una vita dignitosa per tutte le nazioni. La situazione in cui si trovano i governi attualmente li obbliga ad agire proprio come stanno facendo; essi parlano dell'amore per la pace, ma al contempo si armano e investono in sempre nuovi esperimenti votati all'omicidio delle masse. Sono quindi pacifisti a parole, ma guerrafondai in cuor loro, o nelle azioni che compiono. Si può anche dire che sono idealisti che si trasformano in realisti per la paura reciproca in una sorta di conflitto interno che rispecchia la doppia morale esistente nel mondo. I governi sentenziano gli assassini all'interno del proprio paese e conferiscono onorificenze a coloro che uccidono in un paese nemico.

La doppia morale è entrata in crisi dopo la firma del patto Briand Kellog sottoscritto da tutti gli stati civili nel 1928. Questo patto è stato inizialmente caldeggiato da un articolo di Salmon O. Levinson (The New Republic, 9 marzo 1918) ed è stato poi il risultato di una letteratura che ha da qui preso il via e che è stata riassunta dal libro di Morison "The Outlawry of war" (1927). Da quando nel 1928 la firma di questo patto ha dichiarato la guerra un crimine, sembrava che fosse stata ripristinata un'unica morale, ma ora sappiamo che era stato raggiunto ben poco. Alcuni governi hanno dichiarato di mantenere il proprio armamento in caso di attacco da parte di un criminale, altri, come la Germania, l'Italia e il Giappone, non hanno addirittura rispettato il patto stesso attaccando e dichiarandosi criminali. In Giappone addirittura si è giocato sul fatto di non nominare mai la guerra, bensì di parlare al proposito di un "incidente". Per tutti i governi la definizione di attacco diventò soggettiva.

In passato si definiva guerra offensiva l'attraversamento dei propri confini a mezzo di truppe armate. Il patto Briand Kellogg sostituì il negoziato alla guerra come mezzo decisionale e con questo stabilì che potesse essere definito aggressore qualsiasi stato che non avesse rispettato il trattato. Non si può definire chiaramente cosa sia una guerra offensiva a meno che una definizione non sia stabilita dai due organi legislativi del governo internazionale e poi interpretata di volta in volta dal tribunale internazionale. Nessuno stato potrebbe avere altra voce in capitolo in questa faccenda dopo che il senato internazionale, in qualità di loro rappresentante avrebbe dato il proprio contributo alla definizione. Nessun governo può autonomamente dare una definizione del concetto.

La pace potrà solo essere raggiunta quando individui pacifici, ovvero i pacifisti, saranno eletti al governo internazionale e promulgheranno e applicheranno le relative leggi. I pacifisti individuali sono, è ora più chiaro, amanti della pace di stampo anarchico che non possono aspirare ad altro se non alla pace della propria anima. I loro oppositori sono i militaristi. L'equilibrio armonico tra le due estremità è costituito dal governo internazionale pacifista.

11. POLITICA E RELIGIONE

La politica e la religione hanno qualche relazione tra loro? Con questa domanda non ci vogliamo qui occupare del divario esistente tra Chiesa e stato, né dell'opposizione al clericalismo inteso come partito con aspirazioni politiche, bensì alla necessità o inutilità del sentimento religioso nel cuore di coloro che in qualità di politici sono responsabili della creazione di un governo internazionale. Quasi tutti i pacifisti di qualsivoglia corrente si sono appellati a Dio, ma anche gli eserciti hanno fatto altrettanto: se i primi pregano per la pace, i secondi pregano per la propria vittoria. I militaristi e i nazionalisti considerano Dio come un sostenitore del proprio partito; analogamente le confessioni ritengono di avere un monopolio sull'aiuto di Dio che è limitato dai dogmi seppure al contempo infinito; i monarchi, poi, ritengono di regnare per grazia divina. Gli autocrati della storia passata non si accontentavano di ritenersi eletti dalla grazia divina, ma, considerandosi veri e propri dei, volevano essere adorati come tali dai propri sudditi. Nell'antica democrazia di Atene, al contrario, non veniva idolatrato nessuno. Con Alessandro Magno tornò in auge l'impostazione asiatica che si trasmise poi agli imperatori romani. Con l'avvento del cristianesimo il vescovo di Roma divenne il papa, riconosciuto dall'intero mondo cattolico e rappresentante di Cristo. L'imperatore veniva incoronato dal papa. Nella lotta tra papato e impero la problematica del dualismo tra autocritas e potestas, ovvero autorità e potere, divenne il centro della politica. Alla Chiesa spettava l'autorità politica, ma nessun potere, mentre l'imperatore deteneva il potere politico, ma non aveva nessuna autorità propria, dato che questa apparteneva solo a Dio secondo il pensiero dell'epoca e poteva essere concessa solo attraverso il papa. Soltanto nell'era moderna iniziò a diffondersi l'idea di una concessione della grazia divina diretta: come è noto, Napoleone si incoronò da solo alla presenza del papa arrogandosi la piena autorità senza intercessione della Chiesa. L'imperatore Guglielmo II continuò ancora a nominarsi tale per grazia divina e ancora oggi il dittatore di Spagna fa uso di questo appellativo perché detiene una pseudo autorità. Dopotutto la corona che prese Napoleone fu presa pur sempre da un altare.

Le repubbliche, in particolar modo quelle di stampo democratico, ritengono di poter aggirare il problema dichiarando che l'autorità proviene dal popolo che la trasmette ai funzionari eletti. Ma da dove viene questa autorità del popolo? Ha senso porsi una simile domanda? È in fondo simile alla questione della sovranità. Fintantoché proveniva da Dio e si esplicitava attraverso una teocrazia che sedeva al lato del trono e deteneva le redini del regno in modo più o meno evidente, oppure attraverso un autocrata idolatrato e vittima della sua stessa follia dittatoriale, era teoricamente tutto chiaro. Ma se è il popolo a decidere, e quindi sono i contadini, gli artigiani, i proprietari delle fabbriche e gli operai, gli insegnanti e gli acrobati del circo, i direttori di banca e gli spazzini, i professori e le casalinghe, i filosofi e i musicisti, in breve, persone che non si intendono molto di politica, allora l'autorità non viene più dall'alto, da Dio, bensì dal basso, ovvero da vere e proprie non–autorità, talvolta dal nulla se si considera che molti esprimono il proprio voto senza nemmeno interessarsi dei problemi politici. Il detto "vox populi vox dei" diventa puro scherno. O dovrebbe essere vero che la voce del popolo è la voce di Dio? Cerchiamo di chiarire questo detto.

Gli abusi della teocrazia e del clero hanno portato più volte a un risveglio e alla ribellione del popolo, ma fintantoché questo continuava a credere in Dio anziché in sé stesso, il clero ripristinava ogni volta la propria autorità tornando a detenere la sovranità nelle proprie mani. Soltanto quando il popolo iniziò a dubitare dell'esistenza di Dio e a credere in sé stesso sembrò aprirsi la strada per un nuovo ordinamento in cui l'autorità fosse fondata sulla sovranità popolare. Da qui l'odio fanatico e reciproco del clero di ogni confessione nei confronti dei comunisti russi senza Dio. La politica ha quindi sempre intrattenuto una relazione con la religione, sebbene ora non si relazioni direttamente con Dio, ma con quel posto vuoto che è rimasto da quando Dio è stato destituito in qualità di tutore inopportuno.

La storia dell'ateismo ha le sue radici nell'antichità. Oggi non esiste più l'Inquisizione e molti sono, se non proprio atei, per lo meno agnostici e guardano all'intero problema con indifferenza. Per loro non solo è inutile avere un dio, essi ritengono ancor più che si tratti di un'invenzione che trae origine dalla fantasia dei poeti o dalla generale paura della morte o addirittura dalla classe menzognera dei preti, gelosa del proprio potere. Sono invece da prendere più sul serio quei filosofi che, liberi dai pregiudizi e dagli interessi politici, cercano di spiegare le origini della Terra sulla base della fisica, della chimica e della tecnica senza considerare il piano teologico. La filosofia materialista, e in parte quella positivista, rifiuta ogni legame con la metafisica dal momento che non può essere sperimentata all'interno di un laboratorio. In virtù di tutto questo per molti politici oggi la religione è più un problema di relazione con quelle persone che ingenuamente credono ancora a Dio piuttosto che un problema di credibilità della stessa. Può anche succedere che i politici, pur non credendo in Dio, ne riconoscano pubblicamente l'esistenza per accattivarsi i voti degli elettori o per dare una base alla disciplina dell'esercito e dello stato stesso. Essi fingono per interesse, sia esso un interesse etico o meno.

Per tutte le persone di fede, l'etica assoluta deriva da Dio. Reputandosi indegni di trovare le leggi assolute che stanno alla base dell'etica, preferiscono pensare che Dio abbia svelato i suoi comandamenti ad alcuni prescelti che li hanno poi trascritti in modo fedele come lo ritroviamo nella Bibbia. In questo libro però, e in particolar modo nell'Antico Testamento, sono descritti tanti episodi di carattere così tipicamente umano che oggigiorno ci si chiede quanto sia rivelazione e quanto sia opera dell'uomo. Il fatto che la Bibbia sia stata redatta da uomini è stato pienamente comprovato nel diciottesimo secolo. Non è necessario essere dei grandi conoscitori della Bibbia, e basta leggere con attenzione i primi due capitoli della Genesi, per accorgersi che se secondo il primo capitolo il sesto giorno furono creati l'uomo e la donna, secondo il secondo capitolo Adamo si sentiva così solo che soltanto allora Dio creò la donna. Da qui la leggenda di Lilith, la prima moglie di Adamo. Altri spiegano la cosa sostenendo invece che Adamo fosse inizialmente androgino, proprio come nella storia che racconta Aristofane nel Simposio di Platone. È molto più facile ammettere che il secondo capitolo sia stato probabilmente scritto da un autore diverso in un secolo diverso e che il redattore a sua volta, forse in un altro secolo ancora, li abbia uniti senza troppo pensare all'incongruenza. Ma chi continuerebbe ancora oggi a discutere in merito a questo episodio dal momento che oramai la critica biblica è diventato un ramo sviluppato della filologia? Nessun critico della Bibbia può fare la differenza quando si tratta di rispondere alla domanda sull'esistenza di Dio, in quanto tale libro rimane una catena di testimonianze del credo comprensiva di contraddizioni, cosa che la rende ancora più umana e ancora più interessante.

La critica della Bibbia non inficia nemmeno il credo di coloro che sono convinti che l'etica sia una rivelazione divina. Per questi ultimi le verità, pur provenienti da fonti incerte, sono eterne e quindi divine. Certo esistono persone etiche in ogni parte della Terra, anche nei luoghi che non hanno mai conosciuto la Bibbia, ed esistevano persone etiche anche nell'antichità, quando le varie parti della Bibbia ancora non erano state scritte. Gli atei in generale non sono meno etici dei credenti, anzi spesso questi ultimi si comportano in modo meno etico che i primi e pensano di compensare questo atteggiamento appellandosi alla Chiesa che diventa in alcune confessioni il luogo di purificazione dai peccati commessi. Vi sono quindi atei e credenti nobili d'animo così come atei e credenti non nobili d'animo, in ogni caso l'etica non può derivare dalla Bibbia; deriva essa quindi da Dio?

Coloro che riconoscono nella norma etica la base della politica democratica si chiedono perché Dio non possa rivelarsi a tutti. I compiti della teologia e della Chiesa rimarrebbero, se proprio è necessario specificarlo, quelli di raccogliere le testimonianze di millenni di storia, spiegarle e tramandarle con la propria dottrina dato che, per quanto l'autodidattica possa essere stimolante, la dottrina velocizza il processo di apprendimento. Coloro che fanno qualche scoperta in qualsiasi ambito spirituale possono chiamare il processo che hanno vissuto una rivelazione, mentre il matematico che scopre un nuovo teorema o un nuovo ramo della disciplina parte dalla tradizione della propria scuola per creare qualcosa di nuovo, un nuovo frutto del ramo di appartenenza. Non è Dio che gli si rivela, bensì una verità matematica. Questo vale per ogni scienza. Non dovrebbe poter essere detta la stessa cosa per il campo teologico? Dio non si può forse rivelare di volta in volta in modo nuovo?

La teologia, comprensiva della sua ricca storia, è una disciplina affascinante, ricca di elementi fantastici e irrazionali tra cui brillano alcune importanti verità. Essa può essere paragonata a una miniera dove il minatore, in precarie condizioni luminose, scopre l'oro o crede di scoprirlo in un bagliore occasionale, per poi accorgersi che quanto trovato, alla luce del sole, è solo un sasso privo di valore. Teologi e scienziati non vantano buoni rapporti reciproci e quando gli ultimi offrono ai politici i mezzi per esercitare il loro potere, quali ad esempio l'energia atomica, non si preoccupano certo di chiedere ai primi il permesso di utilizzare questo potere. Eppure la questione di come la politica si debba muovere tra scienza e religione o teologia rimane pressante e ci si chiede da dove provenga l'autorità della politica. Gli scienziati hanno spesso un'impostazione agnostica che li rende affini ai comunisti che infatti non si appellano a Dio ma a Karl Marx, Lenin e Stalin, nonché alla natura e alle sue derivazioni, tra cui anche la visione materialistica della storia. I democratici, al contrario, non hanno ben chiaro a cosa debbano appellarsi e talvolta ritengono di poter riconoscere questo qualcosa nella Chiesa o nella Bibbia, proprio come fanno i monarchici, i militaristi e i militari. Ma in questo sbagliano. La loro soluzione dovrebbe essere "vox populi vox dei" e dovrebbero di conseguenza riconoscere a ogni cittadino il diritto a essere la guida personale di sé stesso, a ricercare Dio individualmente, a porsi in modo diretto di fronte a Dio, sia in qualità di appartenente a una confessione, sia in qualità di cercatore libero. In effetti la libertà di credo è riconosciuta dai democratici come un diritto fondamentale dell'uomo.

È difficile riconoscere questo fondamento della democrazia per due ragioni. Ogni reale forma di religiosità non è altro che il rapporto diretto dell'individuo con Dio. In ogni tempo è esistita una forma di religiosità legata all'autocrazia, ma questo solo perché non esisteva la democrazia. La maggior parte delle Chiese sono strutturate in gradi che obbediscono al vertice in puro spirito autocratico. L'individuo necessita in questo tipo di religioni, tra cui annoveriamo anche il cristianesimo, di un tramite, rappresentato dai sacerdoti e di una serie di forze intermedie come i santi e gli angeli. Anche in questi casi, però, la religiosità rimane un fattore individuale e il singolo deve assolvere da solo alla preghiera anche nella Chiesa cattolica. Laddove si avvalga del sacramento come di un mezzo che promette la salvezza e laddove lo consideri un sostituto poco sentito della mancante devozione, non si realizza altro che una finzione simbolica priva di effetti concreti. La religiosità è essenzialmente sempre democratica e implica per questo responsabilità, scelta e quindi libero arbitrio. Il fedele sceglie democraticamente il proprio dio, con la precisazione che vi si sottomette liberamente e che la scelta viene fatta una volta sola. Che questo processo avvenga in un ambiente autocratico, sia esso ecclesiastico o sociale, non ha alcun effetto sull'atto in sé che rimane democratico e individuale, altrimenti sarebbe vuoto. Per questo motivo non dobbiamo lasciarci confondere dal fatto che apparentemente la religiosità sia affine all'autocrazia. Il secondo fattore che genera confusione è dato dall'esistenza della mistica. Se prima ci siamo concentrati sull'aspetto della comunicazione tra l'uomo e Dio, ora parliamo della manifestazione di Dio all'uomo. La parola mistica deriva dal greco "muein" che significa tacere. L'esperienza mistica avviene infatti nel silenzio e nella solitudine e, nonostante l'ampia letteratura in merito, rimane avvolta nel silenzio anche dopo che si è conclusa perché nessuno è in grado di descriverne l'apice. Si definisce la mistica come unione con Dio, una manifestazione diretta di Dio, libera da quanto appartiene a questa Terra, quindi anche indipendente da qualsiasi condizione politica. Non esiste alcun legame tra lo stato mistico e la democrazia, o l'autocrazia o l'anarchia: la mistica va al di là di tutto questo. Non è detto che un autocrata non possa avere un'esperienza mistica tanto quanto un democratico o un anarchico. Bisogna però specificare che la religiosità non corrisponde a uno stato di mistica perpetua, anzi l'esperienza mistica è rara, anche nel caso di mistici famosi. Questo vale per la mistica passiva. L'esperienza, anche se unica, è tanto forte da avere effetti incancellabili ed eterni sulla vita del mistico. In ogni confessione esistono però anche metodi sperimentati di mistica attiva, dove la mente si apre all'esperienza religiosa a mezzo di estasi, trance, ascesi o concentrazione e meditazione. Ma anche laddove fosse possibile, per così dire, costringere Dio a manifestarsi all'uomo, cosa che appare come una blasfemia dal punto di vista della mistica passiva, non si tratterebbe comunque di condizioni durature, sebbene anch'esse avrebbero effetti di lunga durata. La mistica nelle sue svariate forme potrebbe essere vista come il presupposto per il detto "vox populi vox dei" e quindi la democrazia potrebbe essere considerata una politica di mistici, cosa che però appare come un controsenso dato che la mistica non ha nulla a che vedere con la politica. Eppure capire la mistica ci porta anche a capire il significato del detto "vox populi vox dei" e a capire perché è proprio questo detto a costituire la base della democrazia.

Si tratta di un concetto difficile da spiegare. Così come esistono persone dotate del senso della musica, persone totalmente estranee ad esso e persone che vivono delle rivelazioni in campo musicale, esistono anche persone religiose, persone atee e mistici. Gli atei non capiscono che la vox populi è priva di autorità se non è al contempo vox dei e si chiedono con scetticismo a chi spetti l'autorità di decidere quando la vox populi sia vox dei e quando no. I religiosi che non hanno esperienze mistiche credono invece di avere bisogno della guida della Chiesa in qualità di detentrice di ogni verità; i mistici infine tacciono.

Siamo quindi giunti al germe di quel sistema organico che questo libro cerca di chiarire. È dal germe che nasce la vita. Esistono diversi germi e, sebbene l'immagine sia limitata, vi sono germi di strutture che si sfaldano e vi è invece il germe della pace duratura dell'umanità che resiste. Ma questo germe è di tipo religioso? Da secoli i profeti seminano questi germi e l'umanità attende invano che arrivi il germe giusto o che un profeta riveli la sua esistenza, ma forse la verità è un'altra; forse il germe è già qui e attende solo di essere scoperto dall'umanità. È proprio così: abbiamo già tutto a disposizione, dobbiamo solo raccogliere e stabilizzare. Dio è dentro di noi ed è l'autorità da cui deriva la verità univoca e riconosciuta; è l'autorità di riconoscere che sul piano politico il complesso della democrazia, basata sulla responsabilità del singolo e sull'etica assoluta e libera dall'abuso della parola "tutti" nell'ambito dei diritti umani e nell'ambito della distribuzione economica dei beni, che riduce la sovranità degli stati a mezzo di un governo e di una polizia internazionali, che elimina nazionalismo, razzismo e odio classista, che questa utopia insomma non sia altro che la realizzazione di quello che noi immaginiamo come il regno di Dio sulla Terra.

C'è chi ha definito il comunismo e il fascismo delle religioni. Si tratta del resto di una di quelle fatali parole che poi tanti ripetono. Entrambi sono caratterizzati da un fanatismo del credo, proprio come alcune confessioni, ma in realtà la vera religione è priva di fanatismo perché è talmente sicura di sé che può aspettare tollerante di essere scoperta dall'individuo senza imporsi a ferro e fuoco, con il terrore e la persecuzione. È democratica. Il comunismo e le autocrazie non sono religioni. La rivoluzione francese ha introdotto la democrazia moderna, ma sul terreno dell'illuminismo ha poi sostituito Dio con la dea ragione aprendo la via al positivismo e al materialismo moderno. I padri della democrazia americana erano veri fedeli; essi infatti pregavano, e ancor oggi il Congresso americano apre le proprie sedute con una preghiera. È questa la religiosità su cui si basa la democrazia? Sarebbe meno religiosa in assenza di queste preghiere pubbliche? Quanti sono i fedeli che pregano veramente, quanti invece quelli che pregano per un successo e cercano di usare Dio come mezzo per realizzare i propri intenti, come fanno i bambini quando scrivono la letterina a Babbo Natale? In nessun altro ambito umano si assiste a tanta finzione, a tanto autoinganno e a una simile sventata usanza. E nonostante tutto è vero che la democrazia sia religiosa. Vi può essere un sentimento di fratellanza nelle persone senza che esse credano per forza in Dio, sebbene, se ci pensiamo bene, possiamo essere fratelli solo se figlio dello stesso padre, quindi figli di Dio.

Gli psicanalisti sostengono di poter paragonare questo fenomeno alle esperienze infantili e di poterlo spiegare scientificamente. Secondo la loro teoria, l'idea di un dio che è un padre è un complesso. Non ha senso dibattere con simili teorici. Per la persona dotata di spirito religioso tutte le scienze, compresa la psicanalisi, si basano sul presupposto dell'esistenza del mondo, a sua volta basato sul presupposto dell'esistenza di Dio che è altro dalla natura. Non si può spiegare il concetto a priori di Dio mediante un paragone simbolico che è necessariamente a posteriori come quello tra padre e figlio. È impossibile far capire agli psicanalisti che devono prima esistere essi stessi per poi inventare le teorie e che questa esistenza non può essere creata da nessun tipo di psicologia. Noi non possiamo crearci autonomamente ed è questo quello che intendiamo dire quando usiamo l'espressione "siamo figli di Dio". Siamo delle creature e per quanto noi stessi possiamo creare, rimaniamo creatori di secondo rango. È strano che molte persone si spaventino all'idea di essere figli di Dio; esse pensano forse che questa denominazione li faccia apparire infantili, innocenti e deboli. Se però sono dei bravi democratici, questo significa che la religione nonostante tutto è radicata nel loro inconscio. Dio esiste anche quando non lo si sa. Anche il neonato che non sa nulla può far esperienza di Dio e anche l'ateo, per quanto non ci creda, potrebbe essere toccato da un'esperienza di questo tipo. Se non succede, questi morirà come una persona priva di senso musicale che crederà di aver udito solo rumori quando le orecchie altrui hanno percepito la melodia dell'universo.

I democratici sanno che oggigiorno i credenti si tengono lontani dalla politica (laddove non esercitino una serrata politica a favore della Chiesa) e i politici separano la religione dalla politica come se si trattasse di due strade opposte, e si sentono quindi in dovere di giustificarsi ogniqualvolta menzionano la religione stessa. Basti come esempio questo accenno che viene fatto nel terzo capitolo del libricino Faith and Works di Lionel Curtis (Oxfrod, 1943) e la precedente citazione di Sir Stafford Cripps: "We are fighting for a moral and not merely for a material issue. Though our plans must be scientifically prepared, there must be behind them the inspiration of our most deeply religious convictions". (Stiamo lottando per un obiettivo che non è solo materiale, ma anche morale. Sebbene i nostri progetti siano preparati su base scientifica, alla base di essi devono esserci le nostre convinzioni religiose più profonde). Gli scettici dubiteranno della sincerità dei sentimenti dei maggiori politici e funzionari statali inglesi, sostenendo che simili citazioni sono le stesse alla base dell'imperialismo, altrettanto esercitato in virtù delle "più profonde convinzioni religiose". Certo, ma laddove emergono chiaramente la religione e la religiosità non è indicato presupporre l'ipocrisia. La storia dell'umanità ad oggi ha visto più credenti con uno spirito religioso innato che atei. Non bisogna nemmeno pensare che una rigorosa scienza porti necessariamente all'agnosticismo o all'ateismo. L'ondata di materialismo filosofico del diciannovesimo secolo, gonfiata dall'entusiasmo dei successi scientifici, ha instillato nelle cerchie mediamente istruite e nelle teste meno prone alla filosofia l'idea che la scienza potesse dare una risposta a tutti i misteri del mondo. C'è un'ironia di fondo nella modestia dei ricercatori e dei laici che formulavano pensieri tanto esagerati: essi dimenticavano la loro stessa persona. La fisica e la chimica possono infatti forse spiegare tutto, ad eccezione della spiegazione e della persona che spiega. Nessuno può spiegare la fisica attraverso la fisica, o la chimica attraverso la chimica. Anche se qualcuno capisse la formula fisico chimica che spiega qual è lo stato di un atomo di ossigeno a 273 gradi sotto zero, questi non potrebbe altrettanto spiegare da dove viene questo pensiero. Il pensiero non è altrettanto freddo, non ha nessuna temperatura, non è fatto di ossigeno e non è materiale. Se qualcuno poi scoprisse la formula chimico fisica alla base delle trasformazioni cerebrali che intercorrono quando si pensa all'atomo di ossigeno alla temperatura dello zero assoluto, questi non potrebbe altrettanto spiegare la formula che sta alla base del pensiero. I pensieri non spiegano l'esistenza di quanto è pensato, né l'esistenza del mondo in cui siamo nati, che troviamo già attorno a noi e che scopriamo lentamente. Capire e spiegare sono due cose diverse: possiamo spiegare solo quello che capiamo. L'atteggiamento anti religioso del nazismo, del fascismo e del bolscevismo si basa sull'interpretazione errata della scienza e sulla conseguente convinzione che essa basti a spiegare il mondo, dimenticando completamente l'uomo stesso che attraverso la scienza può sì capire la natura, ma non l'individuo e Dio. Il popolo ignorante, però, alla lunga sente che c'è qualcosa che non va; non riesce a spiegare cosa, ma non è soddisfatto dal sostituto della religione rappresentato da queste dottrine politiche che alimentano il fanatismo, ma non gli stomaci né la difesa. È vero quanto dice il manifesto comunista nella sua frase propagandistica "la religione è l'oppio del popolo" se si pensa alla meccanizzazione dei riti religiosi che caratterizzano alcune sette e confessioni, ma dobbiamo riconoscere che il vero oppio del popolo è l'ateismo che rende ciechi e sottomessi alla dittatura.

Anche la religione, come l'ateismo, è stata utilizzata abusivamente come mezzo per sostenere il potere. Prendiamo nuovamente in esame la tripartizione di cui già ci siamo avvalsi secondo lo schema: nessuno, uno, tutti. Possiamo adottarla anche nella nostra panoramica delle religioni. "Nessuno" corrisponde all'ateismo. Come l'anarchia si basa sul governo, sebbene lo neghi, così l'ateismo si basa su Dio. "Uno" corrisponde alle religioni, monoteiste o meno, perché anche in presenza di più di una divinità si fa appello all'esclusività della religione in esame, con i suoi dogmi, riti e simboli. Per le religioni non confessionali sembrano esserci più strade che portano a Dio, mentre per le religioni confessionali esiste sempre un'unica strada, rappresentata dalla religione in esame. L'intolleranza delle confessioni e la loro certezza di detenere l'unica verità, nonché l'obbligo di illustrarla alle persone, obbligandole, se necessario, al culto, è stata la fonte dell'enorme sofferenza dell'umanità in nome di Dio. Oggigiorno molte delle confessioni e religioni che in passato sono state nemiche hanno stretto pace e, sebbene sia sempre possibile ricadere nell'errore, l'umanità si accorge sempre di più che quel Dio in cui ciascuno secondo la propria confessione crede è in realtà lo stesso per tutte le confessioni e che esse sono quindi sorelle come noi siamo tutti fratelli. Quest'ultimo pensiero è già troppo antropomorfo e proietta la tolleranza che ci aspetteremmo gli uni dagli altri in Dio, facendone un indulgente liberale. Siamo invece già sulla strada della teologia se continuiamo la riflessione e proponiamo un Dio che è uno spirito dinamico che guida l'umanità nella sua ininterrotta evoluzione verso un obiettivo a lei nascosto, oppure un Dio che in qualità di osservatore oggettivo e neutro concede all'uomo la libertà e la ragione e quindi l libertà di usare o abusare della propria ragione.

Se invece si allontanano questi pensieri tacciandoli come pie fantasie e ci si pone personalmente nella condizione di mero osservatore dell'evoluzione delle religioni, allora ci si potrebbe iniziare a chiedere se forse quella semplice e pura forma di religiosità dei mistici, priva di dogmi, riti e simboli e alimentata dal diretto contatto con Dio non sia forse la base comune da cui nascono poi le diverse confessioni. Da questa religiosità priva di una forma concreta e indescrivibile potrebbero essersi formate le confessioni che rendono tutt'oggi l'umanità ricca e colorata; il substrato sarebbe il terreno fertile da cui sono nate le religioni e quindi forse proprio quella religione internazionale comune tanto oscura e desiderata.

La mistica è la terza categoria delle religioni. Se da una parte abbiamo l'ateismo, e con esso l'agnosticismo che né nega né accetta l'esistenza di Dio, e dall'altro le confessioni, nel mezzo possiamo posizionare la mistica come origine di tutte le religioni a cui nessuno si può sottrarre. Chi nega Dio e deride la metafisica non si accorge nemmeno che la sua risata stessa è metafisica. Quando una persona non si limita a udire delle parole, ma le capisce e attraverso di esse entra in contatto con un'altra persona con cui è in accordo o meno, essa va al di là di sé stessa, ma quando è sola e conduce un dialogo con sé stessa ecco che entra nel mondo della metafisica che va al di là del suo io ristretto. Si può controbattere solo che anche se si ritiene che ciò sia una follia, si tratta pur sempre di un pensiero. In ogni persona esiste un germe di religiosità che la porta ad andare al di là di sé stessa, quindi in ogni persona si trovano i presupposti per la democrazia, dal momento che religiosità e democrazia provengono dallo stesso seme. La democrazia si basa sulla fratellanza tra le persone anche quando sono nemiche come Caino e Abele; il seme della comunione e della fratellanza in quanto prole di un unico Dio è la nostra patria spirituale. Non tutti i fratelli provano un senso di fratellanza e non tutte le creature di Dio lo riconoscono, eppure i primi rimangono fratelli e i secondi, atei o legati a una confessione propria, rimangono figli di Dio. Non tutti sono in grado di capire le leggi della fisica e della chimica, eppure tutti vi sono soggetti. Non tutti, infine, sono in grado di vivere esperienze mistiche, eppure tutti sono parte di questa dimensione fin dalla nascita. Ed è proprio da questa dimensione che proviene la vox dei. Persone meno istruite possono divenirne i portavoce, mentre altri che hanno studiato ogni scienza e filosofia possono rimanere immuni a questa voce per tutta la vita. A questi ultimi non si può spiegare quand'è che la vox populi è vox dei perché si tratta di qualcosa che non può essere provato, così come tutto ciò che è evidente. I positivisti si affidano solo ai loro sensi, come se non dovessero prima elaborare nel pensiero, e quindi metafisicamente, i dati sensibili. L'uomo non è come uno specchio che riflette un'immagine che sembra essere dentro lo specchio stesso. L'uomo è uno specchio che risponde dal profondo dando un riflesso personale di quella che è l'immagine del mondo, quindi uno specchio che altera la realtà. Tutte le confessioni operano necessariamente questa alterazione perché vogliono offrire più di quanto possono. Tutti gli atei e i materialisti possono decidere di riflettere senza alcuna distorsione, ma in questo caso offrono solo un'immagine superficiale.

Chi sostiene una federazione internazionale e un governo internazionale con tutto ciò che ne consegue, chi auspica a una democrazia internazionale, dove la sovranità è esercitata dal popolo per il popolo, può seguire l'idea religiosa che più ritiene adatta, ma agirà sempre in armonia con l'etica assoluta basata sull'idea della fratellanza di tutti gli individui che è affine all'idea di Dio propria della mistica. Si potrebbe pensare che i mistici siano interessati solo a sé stessi e quindi la mistica dovrebbe essere inserita nella categoria "uno", e che alcune religioni desiderino conquistare l'umanità quindi dovrebbero far parte della categoria "tutti". Ma la spinta alla conquista è proprio una caratteristica dell'autocrazia, e il mistico è interessato alla propria persona solo perché questa è il mezzo per sperimentare l'infinito e l'unità dell'esistenza. Questi sparisce nella comunione con Dio, un'espressione che, come le tante utilizzate in questi casi, è forse poco adeguata a esprimere l'esperienza mistica.

Le persone di fede da sempre cercano di spiegare l'ineffabile mediante similitudini che altro non sono che forme particolari di simboli. Quando si utilizza un simbolo lo si fa nella speranza che l'ascoltatore scopra quanto si cela dietro al significato di base. Il Nuovo Testamento è pieno di similitudini e il culto di ogni religione pieno di riti simbolici. Vi sono delle persone che scambiano il simbolo con quanto esso intende simbolizzare e credono quindi che il tutto si riduca nel semplice svolgimento dei riti simbolici prescritti tra cui le lavande, i digiuni, l'autopunizione e lo stesso inginocchiarsi. Il pericolo che questo malinteso può comportare è minimo nelle similitudini. Forse è bene interpretare quel substrato della mistica mediante favole che lascino intendere a tutti che quanto si intende spiegare è nascosto a un livello più profondo di interpretazione. Ci sembra opportuno introdurre questo concetto perché vogliamo chiarire le radici del detto "vox populi vox dei" affinché ognuno possa giudicare dove risiedono le radici della sovranità del popolo. Ecco quindi di seguito la parabola del dio del triangolo:

C'era una volta un insegnante di matematica. Egli credeva nella fisica e nella chimica, e anche nella biologia, sebbene pensasse che un giorno sarebbe stato possibile spiegare anche la vita mediante la sola fisica e la sola chimica, ma non credeva in Dio. Sempre spinto dal desiderio di ampliare le proprie conoscenze, chiedeva ai credenti cosa fosse ciò in cui credevano. Nessuna risposta lo soddisfaceva, nessun gli sembrava anzi una risposta e alla fine si limitava a dire: "vedete la matita che tengo tra pollice e indice? Ebbene, io credo in questa matita". Un giorno di fine estate stava percorrendo avanti e indietro la sua stanza intento a risolvere un problema matematico, alla cui soluzione era ormai prossimo. Attraverso la finestra soffiava una leggera brezza che mosse la tendina che impediva di guardare all'esterno. Su questa tendina era ricamata una rete regolare costituita da tre gruppi di linee parallele e l'insegnante, volgendosi per caso verso la tendina si soffermò a guardare come questi triangoli si muovessero e piegassero a formare onde con l'aria. Perso ad ammirare questo bello spettacolo, abbandonò la propria riflessione e presto i triangoli gli ricordarono che sarebbe a breve iniziato il nuovo semestre e che avrebbe dovuto tenere un corso sulla planimetria euclidea. Per quanto conoscesse a menadito questo argomento da principianti voleva preparare tutto al meglio al fine di spiegare didatticamente al meglio i teoremi. Si volse quindi alla scrivania, fissò un grande foglio di carta sul piano, prese gli strumenti da disegno e iniziò a scrivere le formule dei teoremi e a disegnare le relative immagini nell'ordine in cui riteneva meglio spiegarle. Dapprima disegnò due linee parallele intersecate da una retta per spiegare l'uguaglianza degli angoli a due a due. Seguì quindi un triangolo con le linee ausiliari e le lettere necessarie a spiegare che la somma degli angoli è pari a 180°. Quindi disegnò un triangolo con le tre altezze, un altro con tre bisettrici, uno con un cerchio inscritto e uno inscritto in un cerchio e continuò fino a riempire il foglio con tutto il materiale necessario a coprire le prime settimane del semestre. Soddisfatto del lavoro, si sedette sulla poltrona per godere di un po' di tranquillità. Fu allora che iniziò a sentire una voce che spiegava in prima persona il teorema della somma degli angoli. Ne seguì un'altra che spiegava come le altezze si incontrino in un unico punto e si instaurò quindi un dialogo in cui emerse che quanto valeva per il primo triangolo era vero anche per il secondo e per il terzo. L'insegnante capì che i triangoli erano dotati di intuito matematico e che si stavano intrattenendo al riguardo. Presto si unì al coro anche il terzo triangolo e così via finché tutti e venti convennero sul fatto che il teorema fosse valido per tutti. A questo punto iniziarono a chiedersi come fosse possibile, dal momento che ognuno di loro era un individuo a sé stante, con dimensioni e angoli diversi. Ritenevano incredibile che, pur limitati entro i loro tre lati, riuscissero comunque a capirsi tanto bene finché giunsero alla conclusione che la capacità di trascendere sé stessi e comprendersi reciprocamente derivava dal fatto che tutti erano sullo stesso piano. Sebbene ogni triangolo avesse la propria vita, esisteva la comunità che li rendeva fratelli e faceva sì che ognuno potesse intervenire in caso di necessità altrui. E non finiva qui: sentivano infatti che il loro essere a priori e la loro struttura era definita da questo piano; si sentivano quindi creature del piano e nel tentativo di spiegare il piano stesso, capirono che questo aveva degli assiomi in cui dovevano credere in quanto non potevano ulteriormente spiegare. Il triangolo inscritto nel cerchio dichiarò allora che il piano era Dio, che loro erano creature di Dio, che il piano era il loro padre e che di conseguenza essi erano tutti fratelli. Il triangolo con il cerchio inscritto aggiunse: "poggio su questo piano e il piano poggia in me, quindi poggio su Dio che poggia in me". Con questo furono tutti soddisfatti e iniziarono ad adorare Dio in silenzio. Nello stesso studio sul comodino giaceva un mappamondo. Su di esso erano disegnati i continenti ma anche i meridiani e i paralleli che costruivano triangoli ben più complessi di quelli disegnati sul foglio in quanto si sovrapponevano, si intersecavano e si completavano a seconda del modo in cui li si osservava. Questa comunità di triangoli, avendo sentito tutto, si unì e dichiarò che il fatto che i triangoli appartenenti al piano ritenessero che questo fosse dio era una dichiarazione insulsa, frutto di un orgoglioso nazionalismo. Il loro dio nazionale, infatti, non era piatto, ma sferico e quindi sicuramente migliore. I triangoli piatti inizialmente non capirono di cosa stessero parlando i triangoli della sfera finché questi ultimi riuscirono a far loro capire che una sfera si differenziava da un piano più o meno come una linea retta da un cerchio. Riuscì quindi loro di spiegare alla nazione piatta che il dio della nazione curva presupponeva assiomi diversi. Ciononostante, la lotta tra le religioni nazionali non sembrava volersi arrestare, soprattutto perché i triangoli del mappamondo si ritenevano superiori, e il conflitto sarebbe continuato se non si fossero infine fatti sentire i triangoli della tendina. Essi dissero che potevano capire entrambe le fazioni perché essi stessi erano al contempo piatti, ma anche piegati e intrecciati come se dal piano passassero a una sfera per tornare al piano e così via. In quanto triangoli pensanti ritennero opportuno introdurre il concetto della terza dimensione, cosa che del resto avrebbero già dovuto fare i triangoli del mappamondo. Non era questa la risposta a ogni domanda? Né il piano, né la sfera erano il dio dei triangoli perché non esiste un dio diverso per ogni nazione, bensì esiste un unico Dio, ovvero il dio della tridimensionalità. I triangoli dei due popoli iniziali rifletterono e arrivarono alla conclusione che doveva essere così e sembrava che fosse tornata a regnare la pace quando il primo triangolo, quello con la somma degli angoli, disse: "bene, se ci viene detto di levarci al di sopra del piano e pensare a Dio come a un essere tridimensionale allora può anche darsi che il dio della tenda non sia il massimo dio, ma esista un dio a quattro dimensioni anche se non lo possiamo capire". Un triangolo della tenda rispose allora: "la cosa non mi spaventa. Dio può essere uno spazio di dimensioni infinite e io non lo posso comprendere, ma so che sono almeno legato alle sue prime tre dimensioni e questo mi basta. Questa è la differenza tra sapere e credere. Io so che Dio esiste perché lo vivo nelle mie dimensioni, siano due o tre, e credo al contempo volentieri che possa avere anche più dimensioni". E con questo si dissero tutti soddisfatti e iniziarono ad adorare il dio delle dimensioni infinite in silenzio. In questo silenzio, l'insegnante iniziò a sentirsi strano. Gli sembrò di perdere la sua terza dimensione, il suo corpo e il suo peso come se fluttuasse nello spazio infinito diventando egli stesso un triangolo. Aveva la sensazione di stare sognando perché nel sonno il nostro corpo sparisce e viviamo solo di immagini e pensieri. Ma pur essendo così privo di peso, gli sembrava di sprofondare, come se stesse scivolando dolcemente attraverso il proprio spazio corporeo per raggiungere una dimensione più profonda dell'io a cui non era mai arrivato, tanto si era sempre preoccupato del solo mondo esterno. Improvvisamente capì, come per rivelazione, che ogni persona deve avere questa dimensione e che è proprio la dimensione che ci unisce tutti. Fu sopraffatto da una grande sensazione e sentì come si stesse ritirando in sé stesso, come stesse diventando un triangolo sempre più piccolo finché i suoi tre angoli non confluirono in un solo angolo. Questo era il suo io, libero dalle dimensioni e fluttuante nello spazio infinito. Si sentì allora ancora più strano perché l'infinito non era più spazio, ma puro spirito. Era il presupposto perché esistesse lo spazio e perché si potesse fare esperienza dello spazio. Si rese improvvisamente conto di essere spirito egli stesso e di fluttuare nello spirito infinito sostenuto da Dio. Si ricordò di quanto aveva detto il triangolo e capì che come egli era in Dio, Dio era in lui, in questo io puntiforme. Percepì l'infinito dello spirito come un essere dagli infiniti, irraggiungibili attributi nascosti. E seppe che Dio gli si stava manifestando senza che lui avesse fatto nulla. Si trovò privo di aspirazioni davanti all'eternità senza spazio e senza tempo, davanti agli assiomi ultimi dell'essenza umana. Il dio di fronte a cui stava era più grande del dio dei triangoli, ma conteneva solo una parte di Dio, che era in realtà ancora più grande di quanto ci si potesse immaginare. Capì che Dio gli era affine eppure totalmente alieno. Esso stesso spirito, conteneva lo spirito santo. In pieno timore reverenziale, l'insegnante desiderò sparire completamente. Quindi iniziò a crescere di nuovo, acquisendo dapprima una, poi due, poi tre dimensioni. Percepì il proprio peso e la stanza in cui si trovava, con il foglio, il mappamondo e la tenda. Si sentiva in pace e non voleva incontrare nessuno per poter preservare il più a lungo possibile questo stato. Ma le incombenze premevano, e presto tornò a vivere come prima. Nessuno si accorse che egli aveva visto Dio, ed egli stesso riteneva sbagliato usare questa espressione. Quando le persone parlavano del loro credo, egli taceva. Pensava a quanto soleva dire della matita e si ripeteva: come potremmo reggere una matita, come potremmo credere a ciò che vediamo, sentiamo e tocchiamo se prima non esistessimo noi, la matita e il mondo? Strano che non mi fossi accorto prima del fatto che ci sia qualcosa sotto tutto quanto, un presupposto, il piano spirituale, lo spirito. Era sempre stato un uomo onesto e coscienzioso, che trattava gli studenti come figli; con questa esperienza non divenne migliore, ma qualcosa in lui cambiò perché era diventato un uomo completo, consapevole, fratello di ognuno e figlio del padre di tutti.

12. EDUCAZIONE ALLA DEMOCRAZIA INTERNAZIONALE

Per ogni cosa è necessaria un'istruzione, quindi anche per la politica. Bisogna solo essere attenti e critici nella scelta dell'insegnante e aspirare a maturare abbastanza in fretta da poter poi proseguire autonomamente. Ognuno dovrebbe essere in grado di formarsi in modo autonomo, dal momento che l'essenza della democrazia si basa appunto sul pensiero responsabile e personale, eppure spesso questo rimane un'aspirazione più che un'esigenza a causa dell'ambiente in cui viviamo che ci circonda di persone incapaci di perseverare su questa strada. Molti insistono a rimanere fedeli al tipo di istruzione che hanno ricevuto sulla base di una tradizione errata. Questo atteggiamento si osserva soprattutto nei campi della politica e dell'etica. La democrazia internazionale vanta però radici etiche di tradizione antichissima, e positiva, anzi forse migliore delle altre; spesso chiamiamo quest'etica che sta alle radici della democrazia etica cristiana, sebbene si tratti in realtà dell'etica assoluta che sta alla base di tutte le religioni. Altrettanto antiche sono però le radici di quelle dottrine e pratiche politiche che antepongono il potere alla giustizia. Ci troviamo quindi di fronte a due tradizioni di vecchia data che da sempre concorrono per il predominio.

L'educazione all'etica cristiana non è niente di nuovo; essa viene organizzata nelle chiese e trasmessa ogni domenica a coloro che assistono alla messa. La novità, sebbene non proprio inedita, dell'educazione alla democrazia internazionale consta nella piena identificazione tra etica e politica e nell'esigenza di cristianizzare la politica interstatale al fine di salvare l'umanità dalla distruzione causata dalla degenerazione della guerra in sterminio di massa.

Ogni sistema di istruzione presuppone l'esistenza di due gruppi di individui, ovvero gli insegnanti e gli allievi. Come insegnanti della democrazia internazionale possiamo oggi riconoscere solo quelle poche persone che continuano a tenere presenti nel proprio spirito quei principi di cui abbiamo trattato nei precedenti capitoli. Si tratta di principi incompleti e non esaurientemente approfonditi, ma che fanno riferimento alla pienezza di quei fattori alla base dei concetti di democrazia internazionale e governo internazionale democratico. Tali principi possono essere espressi in modo positivo, ovvero affermando l'etica cristiana, o in modo negativo, ovvero rinnegando l'assenza di morale della politica. In base a questi principi è facile stilare un elenco di concetti fondamentali e dei loro opposti: pace duratura in opposizione alla guerra; pacifismo in opposizione al militarismo; economia internazionale cooperativa in opposizione all'autarchia e all'economia delle dogane; cosmopolitismo in opposizione al nazionalismo; democrazia in opposizione all'autocrazia e all'anarchia nelle relazioni giuridiche tra stati; limitazione della sovranità in opposizione alle aspirazioni odierne a promuovere l'interesse nazionale mediante una guerra; sostituzione dell'anarchia con un governo internazionale democratico alla cui costruzione si sta attualmente lavorando; riconoscimento dell'etica assoluta in opposizione alla machiavellica assenza di morale che domina la politica, sia interna che estera.

Il secondo gruppo di individui interessati dall'istruzione è quello degli allievi. Si potrebbe essere portati a dire che tutti rientriamo in questo gruppo, e quindi anche gli insegnanti che non dovrebbero rimanere fossilizzati su una determinata dottrina come se fosse un dogma. Chi ha già esperienza di dibattiti in merito sa che molte persone ostacolano con tutte le loro forze ogni tentativo di educazione alla democrazia internazionale. È interessante, nonché di fondamentale importanza, indagare sulle ragioni psicologiche che stanno alla base di questa opposizione, ma non vogliamo arenarci qui seguendo un tale approfondimento. Sappiamo per esperienza che è soltanto una perdita di tempo parlare con qualcuno che, opponendo obiezioni e scuse poco convincenti o anche difficili da abbattere, rifiuta di ammettere l'evidenza o rifiuta di assumersi le responsabilità derivanti da quanto ammette. Una delle principali scuse che vengono addotte nel tentativo di evitare di affrontare la questione della democrazia internazionale e del governo internazionale è che esisteranno sempre persone cattive che non vorranno aderire o che nei paesi autocratici tali pensieri non prenderanno mai piede. La Spagna e la Russia sono viste generalmente come i due principali ostacoli. Proseguendo nella riflessione, alcuni sostengono che tutti siano cattivi ad eccezione di coloro che sono direttamente interessati al dibattito, altri che la maggioranza dell'umanità sia cattiva. Ciononostante, quando parliamo di ordinamento giuridico non ci interessa sapere quante persone siano buone e quante cattive, bensì vogliamo puntare a diffondere pratiche che tutelino tutti contro le persone cattive. È carattere proprio dell'educazione all'etica il portare le persone a riconoscere quale sia il loro dovere e ricordare loro che il compito principale di ognuno è rafforzare la propria coscienza e rimanerle fedele. È compito dell'educazione etica o cristiana insegnare alle persone che non devono rubare, mentire, tradire, assalire, violentare, uccidere, ma tutti sappiamo che questo di per sé non basta a impedire che simili fatti vengano commessi; l'insegnamento deve essere completato dalla presenza della legge e quindi della polizia, dei giudici e dei tribunali per i processi. È necessario allora insegnare entrambe le cose, sia quali sono le azioni vietate e quelle ammesse, sia quali sono le istituzioni necessarie che devono essere create al fine di intervenire quando le persone si comportano in modo anti etico e soprattutto quando interi gruppi agiscono contro l'etica sul piano economico, sociale o politico, compreso quello della politica fra stati. Gli insegnanti della democrazia internazionale devono tenere sempre a mente che esistono persone buone e persone cattive e che le prime possono essere soggette a tentazioni, così come le seconde possono fare anche del bene, ma che esistono anche persone che fanno del male solo perché sono state abusate o istruite secondo dottrine errate. Limitandoci a parlare del tema che più ci sta a cuore, quindi la pace e la guerra tra gli stati, supponendo che il 10% delle persone abbiano una natura puramente bellicosa e il 10% una natura puramente pacifica, rimarrebbe sempre un 80% di persone che vanno in guerra solo perché cresciute nell'idea che non si possa fare altrimenti perché questo è quanto vuole l'autorità. A questo proposito dobbiamo ricordare il detto vox populi vox dei. L'autorità gode della grazia divina solo laddove sia stata eletta dal popolo a maggioranza, rimanga fedele alla propria responsabilità nei confronti del popolo e detenga un incarico per un periodo di tempo limitato. Non ci aspettiamo una grande opposizione alle teorie a favore di un governo internazionale da quel 10% di buoni: i pochi che magari potrebbero essere scettici inizialmente si renderebbero conto da soli della portata della questione ed entro pochi anni la caldeggerebbero. Senza perdere troppo tempo con quel 10% di cattivi che aspira alla guerra e al crimine, quindi, bisognerebbe dedicarsi all'educazione di quell'80% che obbedisce ai dittatori, esponendo loro la possibilità di optare per qualcosa di meglio e cercando di convincerli, ma non certo costringerli o obbligarli con la violenza, a prendere una nuova strada che porterebbe loro solo giovamento. Il vero bene è quello che si sceglie in autonomia e che implica la rinuncia per il bene degli altri stati. Se riuscissimo a convincere mediante l'istruzione la maggioranza di quell'80% di indecisi, allora potremmo iniziare a gettare le basi per la costruzione di un governo internazionale in quei paesi che già godono di un governo democratico per lasciare al futuro il compito di intervenire con gli stessi metodi istruttivi in quei paesi dove oggi non è possibile.

I temi principali dell'educazione democratica sono le conoscenze, il carattere e la formazione.

Con conoscenze intendiamo avere ben presente e chiaro il significato dei concetti di democrazia e democrazia internazionale. Spetta agli insegnanti di particolare ingegno il compito di redigere gli appositi libri di testo adatti alle diverse età, cerchie della società, livelli di istruzione e culture, ma pur sempre imparziali. Vi sono oggigiorno persone che concentrano l'insegnamento solo su uno dei temi fondamentali, ovvero la necessità di una federazione internazionale, o la necessità di rinunciare alla sovranità, o quello dei diritti umani, o il disarmo, o le Nazioni Unite. È giusto scegliere l'indirizzo da dare al proprio insegnamento, ma sempre inserendolo nel contesto più ampio. Ogni insegnante ha poi le proprie teorie. Quando si esorta coloro che prediligono il tema della federazione internazionale e del governo internazionale a usare la parola democrazia, questi rispondono che si tratta di un termine troppo controverso; è chiaro che si riferiscono alle differenze esistenti tra America e Russia, ma è altresì chiaro che non dovrebbero limitarsi a usare il termine, ma dovrebbero anche spiegarlo. Allo stesso modo un paladino della lotta per i diritti umani rispose alla domanda sul perché non collaborasse con l'associazione United World Federalists dicendo che in assenza di un governo internazionale preferiva continuare a sostenere le Nazioni Unite. Chi si concentra sulla limitazione della sovranità non vuole sentir parlare di governo internazionale perché si tratta di un concetto atto a generare incomprensioni dato che ognuno ha un'idea diversa in merito. Tutti questi diversi gruppi, però, potrebbero realizzare veramente qualcosa di concreto se si rendessero conto del legame esistente tra i principi che caldeggiano e si unissero in un unico fronte di democratici internazionali, in un unico partito internazionale per la pace, la libertà e la giustizia nella vita internazionale dei popoli.

La conoscenza di cosa siano la democrazia e la democrazia internazionale come sistema è la base da cui partire per sviluppare la pratica politica che presuppone a sua volta la formazione del carattere. Questa formazione si realizza in parte automaticamente all'interno di un'atmosfera democratica dove si svolgono costantemente esercizi di educazione alla democrazia. Citiamo al proposito due esempi derivanti dall'esperienza americana: il primo consiste nell'educare alla coscienza di gruppo tramite giochi. Molte attività sportive di alto livello come il football americano e il baseball sono svolte in gruppi all'interno dei quali ognuno ha un ruolo preciso ed è corresponsabile della vittoria o della sconfitta. Si potrebbe pensare che tale modo di vedere le cose somiglia a quello di un esercito, ma la differenza risiede nel fatto che nello sport le regole del gioco sono uguali per entrambe le squadre e rispettate da entrambe che si considerano del resto un insieme comune di giocatori, mentre gli eserciti sono basati sull'idea dell'inimicizia. In ogni paese esistono giochi di gruppo simili, sebbene negli Stati Uniti siano molto più popolari tanto da costituire punteggio scolastico alla fine dell'anno. Certo possiamo nominare le regate inglesi, ma lo spirito di squadra non è radicato in modo tanto forte altrove se non negli Stati

Uniti, dove lo si vive nelle comunità studentesche, nelle collaborazioni tra insegnanti universitari, nei traffici sociali, nell'amministrazione, nel comportamento di tutte le personalità di alto livello, nel rapporto tra i giovani e gli anziani. Basterebbe solo che quest'equità permeasse anche il mondo del commercio. Il secondo esempio di metodo di educazione alla democrazia è rappresentato dal "Town Meeting of the Air", un'assemblea pubblica di un'ora che da anni si riunisce ogni giovedì sera a New York e a volte in altre località come assemblea ospite durante la quale si tratta un tema politico o economico illustrandone i pro e i contro. Solitamente parlano due oratori a favore e due contro per sei minuti ciascuno; il mediatore li esorta poi a discutere tra loro per dieci minuti lasciando infine il resto del tempo a libera disposizione per rispondere alle domande del pubblico. Lo stesso schema si ripete sempre puntualmente e ordinatamente, con una grande dimostrazione di autocontrollo e disciplina da parte del pubblico e degli oratori. Talvolta capita che vi siano temi più scottanti o toni più arguti, ma ogni tensione non supera mai il livello di educazione garantito, cosa ben diversa da quanto avviene nei parlamenti europei ad eccezione di quello inglese. Le domande che vengono poste ai singoli oratori tendono solitamente a contraddirli; la contraddizione è spesso mascherata d una modesta, quasi socratica ignoranza e viene spesso accolta con un sorriso indulgente. Le interruzioni sono vietate. Questi dibattiti vengono seguiti via radio da milioni di americani ogni settimana e sono altamente educativi dal momento che gli oratori sono sempre esperti del settore; essi offrono del resto un interessante spettacolo quando l'abilità di chi pone le domande s'incontra con la prontezza e l'umore dell'oratore e sono ottimi esempi di oggettività, tolleranza, ascolto reciproco e rispetto delle regole. Di fatto il "Townmeeting" è un gioco politico, uno scontro intellettuale, la cui peculiarità è rappresentata dal fatto che non esiste un vincitore o un vinto. La critica sostiene che essi non portino a nulla, ma non è così perché anche se non si stabilisce un torto o una ragione, si impara a capire che le questioni necessitano di una risposta più complessa di quella che a volte ci si aspetta, si impara a riflettere e a cambiare opinione, in breve si impara ad essere elastici e a non fossilizzarsi. Le stesse regole alla base del "Townmeeting" si ritrovano in America in numerosi altri dibattiti pubblici che, sebbene il più delle volte siano limitati alla risposta delle domande dell'auditorium e quindi non siano vere e proprie discussioni, sono uno spunto per l'educazione degli adulti alla democrazia. Si comprende l'importanza di questi dibattiti se li si paragona ai discorsi lunghi ore tenuti da un solo dittatore, dove gli ascoltatori sono obbligati ad annuire e dove l'educazione si riduce a un freddo indottrinamento e alla ripetizione di slogan pieni di falsità. La democrazia promuove l'educazione alla critica e all'autocritica, promuove l'espressione libera della natura del singolo nonché la dignità dell'individuo.

Questo tipo di educazione smette di essere un gioco e diventa realtà quando i democratici sono chiamati alle urne e devono decidere se optare per i propri privilegi e i vantaggi limitati a determinati gruppi o superare la propria avarizia e scegliere quanto è utile a tutti a lungo termine, quindi anche ai propri figli e nipoti. Molti possono mostrare indifferenza nei confronti delle elezioni nei paesi democratici, in parte con rammarico, in parte con disprezzo, eppure esse rimangono altamente educative nonostante tutte le loro lacune. Non dobbiamo mai disperare, nemmeno di fronte alla limitatezza, alla pigrizia, all'indifferenza, alla mancanza di senso di responsabilità, alla mancanza di dignità e onestà, alla mancanza di altruismo e flessibilità intellettuale. Nessun insegnante può sperare di avere solo allievi dotati. Tutti imparano a insegnare solo dopo essersi scontrati con l'opposizione degli allievi, ad avere pronte le risposte corrette alle false obiezioni, a ovviare ai tentativi di sabotaggio, a opporsi agli arroganti. Educare significa portare il singolo al di là di sé stesso e metterlo nella condizione di scegliere in autonomia la strada da seguire, e nel caso della politica significa eliminare i pregiudizi e garantire per le proprie convinzioni. I soldati intendono l'educazione come una formazione al coraggio militare; gli insegnanti della democrazie internazionale allo stesso modo dovrebbero intendere l'educazione come la formazione al coraggio civile. Si tratta di unire le giuste conoscenze con questo coraggio verso i reali obiettivi democratici.

La forza educativa dello spirito di squadra e del "Townmeeting of the Air" americani sta lentamente entrando in Germania grazie alla zona di occupazione americana. Nel settore americano di Berlino hanno luogo diversi dibattiti radiofonici e si auspica che avvenga lo stesso anche negli altri paesi europei. Certo l'esempio americano deve essere adattato alle condizioni proprie di ciascuna nazione e va anche detto che altre democrazie hanno già sviluppato i propri metodi educativi differenti, come è il caso della Svizzera, di cui ricordiamo gli scritti di Gottfried Keller, soprattutto "Enrico il Verde" e "Das Fähnlein der sieben Aufrechten".

Non serve specificare che i temi della pace internazionale, del cosmopolitismo, del governo internazionale, della democrazia, della democrazia internazionale basata sull'etica assoluta devono diventare parte integrante del piano di studi di ogni scuola. Sono temi facilmente affrontabili in diverse materie, a partire dalla religione, fino alla storia, alla letteratura e a tutte le materie umanistiche, e anche gli insegnanti delle materie scientifiche possono fare qualcosa al riguardo, ovvero salvaguardare le generazioni a venire dal soccombere alle teorie del materialismo, del positivismo, del pragmatismo, del comportamentismo e a tutte le affini teorie che negano l'anima. Quanto detto forse fa parte del primo dei tre punti affrontati, ovvero la questione delle conoscenze, ma va osservato quanto sia importante anche il lato di formazione del carattere nel momento in cui lo studente viene costretto ad assumersi l responsabilità del proprio futuro e viene esortato ad affinare il proprio senso critico in merito alle questioni filosofiche che stanno alla base della politica. La scuola deve formare per la vita e con questo deve portare a capire che dobbiamo dedicare la vita al bene comune, limitando, ma non sopprimendo, il nostro egoismo e falso realismo, e rifiutando l'idea che sia giusto sacrificarsi in nome dell'interesse di una nazione. Formare il carattere significa educare ai propri doveri, ma prima bisogna capire quali siano i doveri che corrispondono ai veri valori.

Il terzo tema dell'educazione politica e forse il più importante è la formazione intesa come l'apprendimento dei valori.

Forse non esiste compito più arduo nella colorata vita umana di quello di trovare e imparare a riconoscere i veri valori. Per le persone che dispongono di un'istruzione filosofica è facile fare appello alla letteratura in merito ai valori, e il passaggio dalla spiegazione astratta dei concetti alla piena realizzazione dei valori non è per loro soggetto a teorie. Capire i valori presuppone intuito. Alcune persone godono di un istinto innato che li porta a capire quali sono i valori veri, altri devono prima percorrere una lunga strada e imbattersi in diverse delusioni per poi capire che quanto ritenevano di valore non lo è per nulla, o lo è solo in parte. I tanto lodati valori della guerra caddero a seguito della sconfitta. Chi ha raggiunto un livello tale da discernere i diversi gradi di valore spesso trova difficile aiutare le altre persone a raggiungere il suo stesso livello proprio perché non si tratta di un ragionamento razionale, ma più spesso di intuito che è difficile risvegliare negli altri quando questi non sembrano disporne. Queste persone si rendono conto di cosa sia realmente di valore solo quando i falsi valori in cui credevano crollano, ma non tutti sono in grado di ricostruire una nuova vita a partire dalle rovine. Le rovine e le tombe sono fonti di insegnamento. Ma cosa insegnano? L'esercito giapponese conquistò la Manciuria, grandi parti della Cina, numerose isole del Pacifico e portò ovunque distruzione finché la situazione non si capovolse e perse tutto; i fascisti italiani conquistarono l'Abissinia ed esercitarono una politica aggressiva finché il loro stesso paese non divenne teatro di guerra e Montecassino esplose insieme a tutti i ponti sull'Arno; i nazisti distrussero inutilmente numerose città e villaggi in Polonia e Russia, in Cecoslovacchia e sui Balcani, uccisero milioni di innocenti finché non si trovarono a dover difendere il proprio paese e a spegnere gli incendi che devastavano le loro città. Chi scava una fossa per qualcun altro, finisce per caderci dentro. E bisogna prima caderci dentro per poter capire che non è un valore quello di scavare la fossa a qualcun altro?

Forse molte persone che vivono nei paesi che non sono stati teatro di guerra non hanno un'idea ben chiara di quanto è successo e di quanto sia amara la lezione che tutt'oggi nel dopoguerra si apprende in Giappone e in Europa in termini di valori. Molti preferiscono non sapere, altri ritengono che ciascun popolo si meriti quanto gli accade. In un certo senso questo è vero se ci fermiamo a pensare che i falsi valori alla fine portano alla rovina di essi stessi, sebbene non perché sia giusto così nel senso stretto del termine giustizia, ma perché è così che vuole la logica. Ma coloro che pensano in modo così fariseo di non essere, grazie a Dio, altrettanto malvagi, dimenticano il fatto che in qualità di corresponsabili, perché tali in fondo erano, devono ora pagare anch'essi le conseguenze. È chiaro che non tutti hanno lo stesso grado di corresponsabilità, ma la punizione condivisa è più amaramente sentita da chi sa riconoscere i veri valori. Sul piano puramente economico la distruzione comporta semplicemente il fatto che quanto eliminato debba essere sostituito al fine di ripristinare la situazione precedente alla guerra. Questo compito viene spesso affibbiato a coloro che non hanno altra colpa se non quella di non essere stati abbastanza forti da opporsi ai distruttori. Ma l'intero popolo dei distruttori è responsabile e deve aspettare, sopportando gli stenti quotidiani, che i raccolti tornino a crescere, che gli alberi nelle foreste tornino a dare i loro frutti, che le miniere tornino a funzionare, che i mezzi di trasporto tornino a viaggiare, che vengano costruite nuove case e che le industrie tornino a produrre mobili, abiti, strumenti di ogni genere e medicine. È possibile ristampare nuovi libri se almeno un esemplare di quelli bruciati si è salvato, ma cosa si può fare se gli esemplari distrutti erano valori unici? Se si trattava di opere d'arte, materiale d'archivio, manoscritti o persone insostituibili? Soltanto coloro che comprendono i valori artistici possono soffrire della perdita di opere d'arte, tutti gli altri nella loro ignoranza confidano nel fatto che tutto possa essere sostituito. Non abbiamo forse i calchi in gesso o le fotografie? Non possiamo fare una copia di tutto? Dicendo così non capiscono che le copie sono appunto solo copie. Chi si potrebbe occupare di quest'opera di copia, ma soprattutto chi vorrebbe davvero e potrebbe riprodurre intere città alla cui costruzione hanno lavorato generazioni e generazioni, chi vorrebbe sostituire le chiese e i loro tesori, gli sfarzosi spazi interni di castelli, palazzi e residenze d'epoca, realizzati pezzo dopo pezzo in modo unico e frutto di un lavoro umano eccelso? Ma come farne una colpa a chi non è stato istruito o a chi lo è stato secondo valori falsi? Queste persone non fanno altro che rispondere che è colpa della guerra, che pure bisognava far fronte alle esigenze dell'esercito.

I ciechi sanno di esserlo, ma chi è cieco ai veri valori non se ne rende conto. Parlare di esigenze dell'esercito presuppone un'idea distorta di quelli che sono i valori umani. E le conseguenze di tutto questo colpiscono i vinti, che si trovano ora di fronte a cumuli di macerie là, dove prima si ergevano opere maestose, ma anche i vincitori, che proprio in nome di queste esigenze militari si sono lasciati trasportare nel vortice della distruzione. Ci possono essere stati alcuni rari casi in cui è stato necessario sacrificare opere d'arte al fine di salvare vite umane, ma quanti sono stati davvero questi casi e quanto spesso invece si sarebbe potuto evitare di distruggere importanti opere se solo le persone coinvolte fossero state più istruite? È inutile fare simili calcoli, tanto quanto è stato distrutto non può tornare. Quanto ridicole devono suonare alle orecchie dei nazionalisti tedeschi le lodi che solevano tessere dell'arte tedesca, ora che non ne rimane nulla perché loro stessi hanno preferito sacrificare le opere in nome di altri valori che ritenevano più nobili del genio dei propri antenati.

Quando il pericolo della reale distruzione delle città europee divenne chiaro, gli esperti di arte negli Stati Uniti si sono uniti alle autorità militari nel compito di elaborare piani cittadini che indicassero l'ubicazione degli obiettivi da risparmiare, quali chiese, palazzi, edifici antichi, musei, archivi e biblioteche affinché gli aerei non colpissero nulla di insostituibile valore, fedeli al motto allora ancora sensato di "precision bombing". È soprattutto agli esperti d'arte in esilio che si deve questo lavoro volontario che portò alla creazione di diverse copie di carte da distribuire presso gli uffici responsabili di organizzare la distruzione in Europa e in Giappone. Ma lo sforzo è stato inutile perché furono distrutti interi centri storici dove non vi era nemmeno l'ombra di una fabbrica. Quando gli esperti chiedevano ai militari cosa fosse stato distrutto nelle varie città, questi rispondevano mediante percentuali, del tutto indifferenti al fatto che in ogni città vi potesse essere qualcosa di valore più o meno elevato e quando si faceva riferimento alle suddette carte rispondevano con sufficienza che non era possibile essere tanto precisi nell'attacco. Si parla di volo strumentale quando si vola senza vedere il terreno e facendo unicamente affidamento sulle carte e la bussola: ebbene, si dovrebbe parlare di volo strumentale e cieco ai valori. Come aprire gli occhi a questi ciechi? O siamo forse noi a essere i ciechi, dal momento che non riusciamo a vedere il valore delle esigenze militari? Possiamo scegliere tra esigenze militari ed esigenze culturali, e sembrerebbe che le due categorie si escludano a vicenda. Ma non è corretto spostare tutta la responsabilità sugli Alleati; sappiamo infatti che in molti casi sono stati gli ufficiali tedeschi stessi che, vittime di un'ignoranza senza confine e di un cieco ideale di eroismo, hanno distrutto città francesi, italiane e austriache nel loro viaggio di ritorno in patria. Una possibile scusa a favore degli Alleati è data dal fatto che l'industria bellica in Germania era decentralizzata: verso la fine della guerra l'industria della meccanica di precisione, quella ottica e quella elettronica, che alimentava per il 60% l'aeronautica fu suddivisa in tante piccole fabbriche site presso le abitazioni, sia nei piccoli centri che a Berlino. A Weimar, a cinquecento metri dalla casa di Goethe, si trovavano i locali della Gustloff Werk, uno dei pilastri dell'industria bellica tedesca, e questo è solo uno dei tanti esempi di una pianificazione poco perspicace e cinica, espressamente volta a usare simili siti di alto valore storico come una sorta di ostaggi la cui distruzione sarebbe poi stata imputata unicamente al nemico.

La colpa di queste perdite, se proprio si vuole ancora parlare di colpa, è da ricercare d entrambe le parti e non ci interessa, perché non è quantificabile, stabilire chi abbia avuto una responsabilità maggiore: ci basti dire che la vera colpa di tutto lo scempio va ricercata nella guerra in sé. È vero che la Seconda Guerra Mondiale non è stata iniziata né dagli inglesi, né dagli americani che per altro non erano nemmeno adeguatamente preparati ad affrontarla, ma essi sono ugualmente colpevoli per essersi mantenuti fedeli alla vecchia tradizione della politica bellica dei governi anziché riconoscere pubblicamente la necessità di creare un governo internazionale. Fintantoché continueranno a esistere gli eserciti si continuerà a usare questa scusa chiamata "esigenza militare". Le esigenze culturali, tuttavia, hanno un posto più elevato rispetto a quelle militari in un'ipotetica scala. Naturalmente i soldati calcolano i danni arrecati sulla base delle perdite umane subite dal proprio esercito, e nell'era atomica moderna questo si traduce nella distruzione di intere città, piene di civili, al fine di salvare un numero indefinito di propri soldati. L'introduzione del servizio di leva obbligatorio ha portato alla cosiddetta guerra totale e a questo proposito almeno gli inglesi e gli americani possono discolparsi dicendo che essi non prevedono tale obbligo. Questo ha come conseguenza oggi, a guerra conclusa, che in America esiste un insieme di persone che sostiene l'obbligo di leva sul campo della pace.

Chiunque detenga le redini dei moderni strumenti di distruzione di massa dovrebbe prima conoscere quali sono quelle cose che non possono essere assolutamente distrutte. Questo è possibile solo introducendo un'autorità atta a verificare se tali persone sanno rispettare quanto è considerato patrimonio dell'umanità. Tale autorità avrebbe ragione d'essere solo in presenza di eserciti, ma una volta creato un governo internazionale e una polizia internazionale essa sarà superflua perché non avranno più luogo bombardamenti, posto che non si sostituisca la polizia internazionale con un esercito internazionale. Esistono ufficiali di alto rango, come lo stesso Eisenhower, che sono consapevoli della necessità di sciogliere l'apparato militare e che esistono diversi settori che necessitano proprio di persone intelligenti, rapide e coraggiose dove i militari possono trovare un nuovo impiego.

Ma non limitiamoci a chiamare in causa soltanto gli eserciti. Che dire di quegli esperti d'arte preoccupati della salvaguardia delle loro preziose opere? Sono forse privi di ogni colpa? Che cosa hanno fatto di concreto per fermare il corso degli eventi? Certo hanno mostrato le carte all'ultimo, ma si sarebbero dovuti riunire decenni prima in una protesta contro l'ignoranza regnante e la cecità del mondo; essi avrebbero dovuto contrapporsi alla formazione negativa sostenendo positivamente l'idea del governo internazionale. Essi hanno una formazione eccellente nel loro settore e sanno riconoscere la purezza dei valori tanto quanto gli artisti, addirittura in modo più oggettivo, ma non dovrebbero allora avere una formazione altrettanto adeguata nei settori della politica internazionale e della morale internazionale? Si può essere tanto profondi in un campo e tanto ciechi in un altro. Quando si parla di esigenze militari e politiche si possono sollecitare gli esperti d'arte dicendo loro "tua res agitur", ovvero attenti, sono in gioco i vostri interessi! Aderite a una delle corporazioni che lavorano a favore della pace internazionale, non restate al margine occupandovi solo dei problemi estetici, storici e biografici, non dimenticate che la cosa più importante è agire per la conservazione delle opere! Coloro che prima del 1939 facevano parte di una delle commissioni ufficiali per la salvaguardia monumentale si ricorderanno con quanto orgoglio e pazienza dovevano spingere perché fossero destinati cento marchi, o lire o franchi per una determinata opera, seppur piccola, eppure nessuno fece nulla di fronte ai milioni investiti nella corsa agli armamenti.

Ma la salvaguardia delle opere artistiche è di solo interesse degli esperti d'arte? Non vale forse lo stesso discorso per tutti gli artisti, i collezionisti e coloro che sono in grado di apprezzare l'arte antica e moderna? È tollerabile che questi protestino senza fare nulla di concreto per prevenire la distruzione? Non sono in grado di essere lungimiranti? Che cosa sopravvivrà infatti nel caso in cui scoppi una Terza Guerra Mondiale segnata dalle bombe atomiche? Non hanno fatto nulla, o almeno non abbastanza, per impedire lo scoppio della Prima e della Seconda Guerra Mondiale, ma c'è ancora tempo per prevenirne una terza. E se queste persone, con tono di scusa, dovessero chiedere che cosa mai potrebbero fare loro, rispondiamo loro come sempre: non rimanete isolati nel vostro studio a riflettere sul male dell'umanità, ma unitevi a una delle organizzazioni esistenti, come la United World Federalists in America o simili in altri paesi. Un giorno tutte queste organizzazioni sorelle si fonderanno in un'unica associazione.

E quanto abbiamo dichiarato non vale solo per gli esperti d'arte, ma per tutti gli scienziati, gli scrittori, in una parola, per tutte le persone di cultura. Tutti loro devono imparare a condividere universalmente il riconoscimento e la tutela dei valori affinché questo possa influenzare la sfera politica e forgiare un nuovo tipo di politica basata sui valori universali. La formazione universale ha una portata ancora più ampia della valorizzazione delle cose, perché il valore ultimo e più prezioso che dobbiamo proteggere è l'uomo. Se l'importanza dei valori dell'arte e della scienza può essere compresa da una parte ristretta dell'umanità, il valore dell'individuo deve essere chiaro a tutti. Come tutti i valori, anche questo ha il suo metro di misura che per noi è quell'umanità che rende le persone individui di valore. L'umanità altro non è che spirito creativo unito alla buona volontà e alla conoscenza dei valori. Mettiamo da parte per un attimo quei distruttori produttivi che creano le armi da guerra e pensiamo invece al resto dell'umanità: la maggioranza delle persone sono costruttori produttivi che si occupano della creazione di beni sostituibili, sono quindi persone che si possono avvicendare nel loro lavoro, mentre altre sono uniche in quanto creano e realizzano nuove idee diventando i fautori del progresso in ogni campo. È possibile raggiungerli, ma tra noi e loro rimane sempre un indispensabile scalino. E infine vi sono quelle persone in grado di forgiare valori insostituibili e unici, i pensatori delle verità ultime e i grandi artisti che realizzano opere destinate a durare. Questa è la parte creatrice dell'umanità, mentre la buona volontà ne è la parte sociale che abbraccia le persone considerandole membri della stessa comunità, quindi fratelli. Anche in questo caso esistono diversi livelli di intimità del legame, a partire dalla famiglia, per poi incontrare la comunità e allargarsi a inglobare una cerchia sempre più ampia. E infine riconosciamo diversi livelli di qualità del riconoscimento dei valori, così come esistono beni e individui di qualità variabile. È forse da mettere in dubbio il fatto che alla guida del destino comune a noi tutti debbano esserci solo persone di grande umanità? Che cosa possiamo aspettarci da regnanti che non uniscono la formazione intesa come produttività costruttiva con il buon senso e l'attenzione alla qualità? Da queste persone non possiamo che aspettarci effetti negativi per il loro popolo e per le altre nazioni perché promuovono la barbarie a danno della civiltà, il caos a danno del cosmo. Se alcune nazioni non sono ancora in grado di eleggere una guida idonea, allora i funzionari di queste nazioni non possono che optare per un governo internazionale che, oltre alle conoscenze tecniche, vanterebbe quei valori sovra nazionali dati dalla formazione umana. Se le prime sono conoscenze e intelletto, i secondi sono razionalità. Alcune persone preferiscono parlare di amore anziché di razionalità, intendendo con questo l'amore umano e non quello personale sebbene i due, pur diversi, siano accomunati dalla tendenza all'armonia. Le nature inquiete si sentono attratte dalla disarmonia, dalla lotta e dall'odio e vedono nell'amore umano solo tensione romantica e idali pubertari. Al contrario, i sostenitori dell'umanità vedono nella guerra, nell'odio, nel potere e nel realismo politico solo l'immaturità della cecità ai valori e la perversione. Il loro compito è quello di educare chi è ancora immaturo. Non è forse quello che la Chiesa ha da tempo cercato di fare? La parola Chiesa vuole riferirsi qui all'insieme di tutte le confessioni. Certo le singole Chiese hanno combattuto tra loro o sostenuto le guerre dei potenti in passato, ma in fondo hanno sempre tentato di educare tramite la predicazione. Molti uomini di fede illustri continuano tutt'oggi in questa missione, basti ricordare quella persona di cui non si fa nome il cui pacifismo è stato riconosciuto nel discorso riportato in precedenza. Esistono migliaia di pacifisti simili che non necessitano di ulteriore educazione, ma questo è vero fino a un certo punto. Proprio come nel caso degli esperti d'arte che temono per le sorti delle grandi opere, degli studiosi di ogni campo che temono per le proprie biblioteche e i propri laboratori, anche ai pacifisti e agli uomini di fede rinnoviamo il nostro appello: non rimanete separati, si tratta di una missione comune a tutti coloro che riconoscono i valori umani, di un obiettivo per cui tutti dobbiamo esporci. Le persone di fede non credano di poter creare la pace solo operando all'interno delle proprie comunità: possono predicarla, ma non realizzarla. E la stessa cosa vale per gli obiettori di coscienza: devono unirsi perché da soli sono troppo deboli e possono aspirare alla salvezza della loro sola anima, mentre al centro dell'interesse di tutti vi deve essere la salvezza dell'umanità intera. Abbiamo bisogno di esortatori che uniscano instancabilmente le masse, di insegnanti che educhino senza sosta alla democrazia internazionale finché le persone non saranno sufficientemente mature da poter eleggere i propri rappresentanti che si riuniscano al lato delle Nazioni Unite, in armonia con i loro membri, rappresentanti degli stati storici. Perché anche le Nazioni Unite vogliono pace e razionalità. E ad esse non possiamo che dire: non isolatevi dal popolo, sostenete questo duro compito dell'educazione alla democrazia internazionale, aiutate a creare questo governo internazionale di cui voi stesse siete il germe.

Il nostro programma generale è di facile sintesi: vogliamo la prosecuzione e il perfezionamento della cultura. Il prossimo passo per questo perfezionamento è la realizzazione della democrazia internazionale con la creazione di una federazione internazionale e di un governo internazionale di stampo democratico. I metodi da impiegare per educare l'umanità a questo scopo si basano sulle due colonne della formazione: l'intelletto e l'amore, ovvero la coscienza produttiva e costruttiva che opera per il benessere di tutte le razze e tutte le nazioni, e quell'amore che si rivolge a tutte le persone in modo generale e a chi si incontra direttamente in modo personale. Se si analizza la parola nel profondo è possibile riassumere il metodo con il termine cristianità.

APPENDICI

APPENDICE I

Segue un indice delle associazioni a me note per indicare al lettore che oggigiorno esistono ampie cerchie di persone attive in diversi paesi che operano a favore di un governo internazionale e per facilitarlo nella sua ricerca qualora intendesse unirsi a una di queste. Ho indicato altresì l'indirizzo di ciascuna associazione accanto ad essa laddove reperibile. Esorto chiunque a segnalare eventuali informazioni a completamento di quanto riportato rivolgendosi alla casa editrice.

BELGIO
Union Fédérale 38 Avenue Emile-Duray, Brússel. Président: M. Demuyter, membre du Parlement.

CANADA
World Government Association Room 218, 1207 Bay street, Toronto.

GERMANIA
Liga fur Weltregrerung Kóln-Lindenthal, Konsul S. Stocky, Leichtensternstr. 12.
Weltstaat-Liga Muenchen 12, Ganhoferstr. 52 I. Vositzender: J. J. Heydekker. Tl. 72 184.
Pan-Furopa-Bund Berlin W 35,Bendlerstr. 11.
Pan-Europa-Union Berlin W 30, Eisenacher Str. 89
Gesellschaft der Freunde der UN (GEFRUN) Berlin-Nikolassee, Alemannen-str. 1a
Internationale Frauenliga fur Frieden u. Freiheit Stuttgart Zeppelinstr. 44.
Internationaler Versóhnungsbund (Fellowship of Reconciliation) Berlin-'Wilmersdor{, Pariserstr. 37.
Berliner Frauenbund 1947 Berlin-Halensee. Augusta-Viktoriastr.14, Vors.: Frau Dr.von Zahn-Harnack.
Internationale der Kriegsgegner Berlin-Wannsee, Hohenzollernstr. 272. Vors.: Heinz Kraschutzki.
Notgemeinschaft 1947 Berlin- Charlottenburg 5. Lietzenseeufer 4. Tel. 973103.

Arbeitsgemeinschaft religiòser Sozialisten   Berlin-Neukólln, Kranold-
    str. 16-17.
Bertha von Suttner-Haus   Stuttgart-Zuffenhausen, Schendweg 17.
Deutsche Friedens- Gesellschaft (Bund der Kriegsgegner)   Hannover,
    Goethestr. 41.
Deutsche Friedens- Gesellschaft   Stuttgar t-Zuffenhausen, Acharach-
    weg 17 (oder Libanonstrasse 26).
Deutsche Friedens- Gesellschaft   Hamburg   13,Bornstrasse 6 (Dr.
    Michaltscheff) .
Frankfurter Friedensverein Frankfurt (M.), Mechthildstr. 26.
Deutsche Liga fur Menschenrechte   Frankfurt (M.), Schweitzerstr. 1.
    (Hr. Kudronowski).

INGHILTERRA
Federal Union   20 Buckingham St., London WC 2.President: Henry
    Usborn MP.

FRANCIA
Comité International des Etats Unis du Monde 12 ave. George V, Paris
    8e. Président: Jean Larmeroux.
Comité Francais des Etats Unis du Monde 12 ave. George V, Paris
    8e.Steeg, ancien Prés. du Conseil des Ministres Prés.: G. Riou, anc.
    Ministre .
Union Européenne Economique et Douanière 42 rue de l'Yvette, Paris 16e.
La Fédération 9 rue Auber, Paris.
l'IJnion Fédérale Mondiale 21 rue Dumont-d'Urville, Paris.
La République Moderne.Comité Internationale p. la Fédération Eu-
    ropéenne   100 rue Réaumur, Paris.

OLANDA
Stichting Algemene Nederlandse Vredes Actie (A.N.V.A.) Ammerstol.
Universale Liga Oostduinlaan 32. Den Haag.,
Wereld Federalisten Beweging Amstel 24, Amsterdam.
Beweging v. Europese Federalisten- Herengracht 99, Amsterdam.

ITALIA
Movimento federalista europeo- Via Clerici 5, Mailand (Milano).Sekr.
    Gen.: Prof, Campagnolo.
Movimento unionista Europeo- Via Guistiniani 25, Genua 8Genova).
    Pres, Conte Gramatica Bellagio.

LUSSEMBURGO

Comité Lúxembourgeois des Etats- Unis du Monde   7 rue Schiller,
    Luxemburg. Ltg. M. Koch.

SVIZZERA

Europa Union Tadistr. 16, Zurich. Pràs. Dr.Hans Bauer.
L'Action Fédéraliste Européenne Montbijoustr. 39, Bern. Dir. M. Leon
    van Vassenhove, Bern.

STATI UNITI D'AMERICA

IJnited World Fedcralists   31 E 74th St., New York (N.Y.).
Campaign for World Go vernment 343 Dearbornst. Room 505, Chi-
    cago 4. (III.).
World Republic 35 E 'Wacker Drive, Chicago, II .. (* Si tratta di un'as-
    sociazione di studenti disponibili a stabilire legami con altri
    gruppi studenteschi di altri paesi.)

APPENDICE II

Alcune delle associazioni elencate pubblicano riviste interne. Ricordiamo per la Germania:
"Der Weltsenat, Mitteilungsblatt der Weltstaat-Liga", luogo di
    spedizione Monaco;

per l'America: "Common Cause, A Monthly Report of thc Com
    mitee to Frame a World Constitution".
La rivista francese "Cahier du Monde Nuveau" all'interno del
    numero 6, 1947, ha pubblicato un elenco di associazioni a
    favore della pace in tutto il mondo (ad eccezione della Ger-
    mania). Queste si differenziano dalle associazioni da me so-
    pra elencate per il fatto che sostengono l'idea generale della
    pace e operano senza aver ancora preso in considerazione la
    creazione di un governo internazionale al fine di raggiungere
    i loro obiettivi.

L'indice di seguito riportato offre una panoramica della letteratura in merito ai temi della pace e del governo internazionale e vuole essere per il lettore uno strumento da cui iniziare per poi cercare e seguire la propria strada.

Per i libri pubblicati fino al 1943 si fa riferimento a due bibliografie:

1. Aufricht, Hans: War, Peace and Reconstruction. A cLassified Bibliography, edita dalla Commission to study the organisation of Peace, New York, 1943
2. Johnsen, Julia E.: World Peace Plans. New York, 1943 (Bibliografia pagg.250-281)

Abrahams,Lewis: It's all Politics. New York 1944.

Ayres, C. E.: The Divine Right of Capital. Boston 1946.

Beveridge, W.: Price of Peace. London, 1945.

Bingham,Alfred M.: The Techniques of Democracy. New York, 1942.

Boulding, Kenneth E. : Economic analysis. 1941.

Brice James: Moderne Demokratien. (Traduzione tedesca da Modern Democracy)

3 volumi. MOnchen 1923-26.

Burnham, J.: The Managerial Revolution. New York 1941.

Coudenhove-Kalergi, Richard N.: Pan-Europa.'Wien, 1923.

Culbertson, E., Our fight for total peace; world problems of 1945 and new solutions; the inevitable collapse of the Dumbarton league. '45-

Summary of the world federation plan; an outline of a practical and detailed plan for world settlement; sponsored by the world federation incorporation N. Y. '43.

Total peace'; what makes wars and how to organize peace. '43.

Curtis, Lionel: Faith and 'Works. London. 1943.

Doering, Herbert: Die Geldtheorie seit Knapp. Greifswald. 1922.

Eagleton, C.: An Analysis of the Problem of War. New york, 1937.

Edwin R.A. Seligman and Miss Johnson: Encyclopaedia of the Social Sciences, New York, 1930.

Ferrero, G.: The Principals of Power. New York, 1934.

Gollancz, Victor: Europe, Germany to day and to-morrow. London, 1947.

Graham, John W: Kriegshelden im ,Weltkrieg. Geschichte des Kampfes gegen die allgemeine Wehrpflicht in England 1916-19. Bln. 1926.

Halm, G. N.: International Monetary Co-operation. Oxford, 1947.

Hamilton, Alexander: The Federalist on the New Constitution. New-York 1778, Nuova Ediz. New York 1945.

Handwórterbuch der Staatswissenschaften (Vocabolario di Scienze Plitiche), 2. Aufl. Jena 1924 e ss..

Heimann,Ed.: Kapitalismus und Sozialismus. 1931.

Herriot, Edouard: Die Vereinigten Staaten von Europa. Leipzig, 1930.

Hertz, Frederick: Nationality in History and Politics. London, 1944.

Heyde,Johannes Erich: Wert. Eine philosophische Grundlegung. Erfurt-1926.

Kant, Immanuel: Zum Ewigen Frieden. Kónigsberg, 1725.

Keynes, John Maynard: Monetary Reform. New York, 1924.

Kohn, Hans: Der Nationalismus in der Sowjet-Union. Frankfurt (M.), 1932.

Kohn, Hans: The Idea of Nationalism, London, 1946,

Lenin, N.: Imperialism. New York, 1933.

Lewis, john: The Case against Pacifism. London, s.a.

Lefebure, Victor: Scientific Disarmament. A Treatment Based on the Facts of Armament. London, 1932.

Lippman.W.: US Foreign Policy. Little Brown. New York, 1944.

Lothian, Manquls of: Pacifism is not enough nor Patrotism Either. Oxford, 1935.

Malaitzke, W.: Neuere Kapitaltheorien seit Adolf Wagner. 1928.

Maritain, J.: Christianity and Democracy. London, 1945.

Marx. Karl: Das Kapital. 1869. (N.E. Hamburg, 1922).

Meade, I.E.: An Introduction to Economic Analysis and Policy. New York, 1938.

Meinecke, Friedrich: Die Deutsche Katastrophe.'Wiesbaden, 1947.

Meyer, Friederich: Weltburgertum und Staatsgefuhl. (f . A.). Leipzig, 1928.

Oerne, Anders: Co-operative Ideals and Problems. Manchester, 1937.

Peffer, N.: America's Place in the 'World. New York, 1945.

Phelps,Christine: The Anglo-American Peace Movement in the Mid-Ninetenth Century. New York, 1930.

Plumb, (Glenn) and Roylance, (William): Industrial Democracy. New York, 1923.

Reves, Emery: Anatomy of Peace. New York, 1947. Ediz. Tedesca: Anatomie des Friedens. Hamburg, 1947.

Rider, Fremont: The Great Dilemma of World Organization. New York, 1946.

Robertson, D.H.: Money. New York, 1922/1928.
Roepke, W.: International Economic Desintegration. New York, 1942.
Roll, Emil: Elements of Economic Theory. London, 1937.
Rostovzeff, Michael: History of the Ancient World. Oxford, 1930.
Edizione Tedesca: Geschichte der Alten Welt. Leípzig, 1941.
Ryan, John A.: Distributive Justice. New York, 1916.
Scheler, Max.: Die Idee des Friedens und der Pazifismus. Berlin, 1931.
Schuman, F. L.: International Politics. 3rd. Ed. New York, 1941.
Schumpeter, Joseph A.: Capitalism, Socialism and Democracy. London, 1947.
Shaw, Bernard: On Conscientious Objection. London, 1945.
Sidwick, Henry: The Methods of Ethics. London, 1893.
Sidwick, Henry: Outlines of the History of Ethics. London, 1931.
Smyth, H. D.: Atomic Energy for Military Purposes. Princeton, 1945.
Spielberg, Herbert: Gesetz und Sittengesetz. Zurich, 1931.
Spielberg, Herbert: Antirelativismus. ebd. 1935.
Strachey, John: The Theory and Practice of Socialism. New York, 1936.
Strathmann, Pater Franziscus :-Weltfriede und Weltkirche. Kóln, 1947.
Wynner, Edith and Lloyd, Georgia: Searchlights on Peaceplans. New York, 1944.
Woytinsky, W.: Die Vereingten Staaten von Europa. Berlin, t926.
Wright, Q.: A Study of-War. Chicago, 1942.
Zimmermann, Gottfried Wilhelm: 1848, Rechtfertigung und Vermàchtnis. Berlin, 1948.

R I V I S T E
Foreign Affairs. A Quarterly. Publ. by the Council of Foreign Relations. New York.
International Affairs. A Quarterly. Publ. by The Royal Institute of International Affairs. London.
Foreign Policy Reports. A Biweekly. Published by the Foreign Policy Association.
The Departrnent of State Bulletin. A Beweekly. Washington.
The United Nations Review. A Bimonthly. Selection of official Statements and Documents. New York.
Die Weltkugel. Zeitschrift fur Weltfrieden. Berlin, 1947 (1. Jahrg.).
Deutsche Gegenwart. Ein Informations-Brie{, Hrsg. v. Karl von Paetel. Verlag: Flermann Schmid. 92-46, 52nd Ave. Elmhurst. L.I. N. Y. (USA).
Die Friedens-Warte. Blàtter fur Internationale Verstàndigung. Zurich, 1900 bis 1948.
Colloquium, Berlin (herausgegeben von Studenten der Berliner (Jniversität).

APPENDICE IV

den 27.Februar 1944

Lieber Herr Frankl:

       Ich habe Ihre Broschüre mit viel Interesse
gelesen und will Ihnen gleich meinen Eindruck sagen. Zuerst
vom geiwssermassen lierarischen Standpunkt. Die Exposition
des Planes ist klar und verständlich. Die zweite Hälfte enthält
gute Gedanken, verliert aber dadurch an Wirkung, dass das
"resentment" gegenüber dem Militär und die alten Traditionen
der Gewalt das Niveau herabdrückt. Schliesslich sind alle diese
bedauerlichen Verhältnisse historisch bedingt, aus Ursachen
hervorgegangen. Das Emotionale steht zwar notwendig hinter
allem, was wir unternehmen, wenn der Leser es aber zu kräftig
hindurchfühlt, verliert die Darstellung einen guten Teil ihrer
überzeugenden Kraft; auch fühlt man durch, dass das Werkchen von
einem Emigranten herrührt - dies sollte auch besser cachiert
werden. Ich glaube,dass in dieser Hinsicht Herr Kahler der Sache
nützen könnte,weil es ihm in seinem Werke glänzend gelungen
ist, diese Klippe zu vermeiden.

       Nun zu dem Vorschlag selbst. Hauptmotiv ist die
Erkenntnis: Man braucht eine Weltregierung, die über die Macht
verfügt, die Einzelstaaten von kriegerischen Unternehmungen ab-
zuhalten. Die Regierungen der Einzelstaaten sind nicht geneigt,
einen wesentlichen Teil ihrer Macht an die Weltregierung ab-
zugeben. Also muss die Weltregierung von der politischen Maschi-
nerie der Einzelstaaten unabhängig gemacht werden und sich auf
den in dieser Hinsicht aktiven Teil der Bevölkerungen aller
einzelnen Länder stützen.

       Es kommt also auf die Frage hinaus: Kann man
"Welt-Parteien" in den einzelnen Staaten gründen, deren Gesamtheit
mächtig genug ist, der Weltregierung solche Macht zu verleihen,
dass die Regierungen der einzelnen Staaten sich den Beschlüssen
der Weltregierung fügen müssen? Diese Frage kann nicht logisch
beantwortet werden, sondern höchstens intxintxix intuitiv. Wenn
genügend Wille und Gefühl genügend vieler Menschen allenthalben
hinter der Bewegung stehen und die suggestive Kraft genug ein-
flussreicher Individuen, dann kann so etwas gelingen , sonst nicht.
Eine solche Bestrebung schiene mir nicht üble Aussichten auf
Erfolg zu haben, wenn die jetzt unabhängigen Einzelstaaten
genügend klein und genügend zahlreich wären. Die tatsächliche
Sachlage ist aber die, dass es sich in der Hauptsache um ganz
wenige Einzelstaaten handelt, deren jeder einen erheblichen Teil
der tatsächlichen Macht des Planeten repräsentiert. Aus diesem
Grunde scheint es mir nahezu unmöglich, dass eine Organisation
der vorgeschlagenen Art Macht genug erlangen kann, um die Macht
eines jeden dieser grossen Einzelstaaten zu überkompensieren.

       Ich muss offen, wenn auch mit Bedauern, bekennen, dass
der militärische Wahnsinn solange dauern wird, bis einer der
Staaten eine praktisch unwiderstehliche Macht repräsentiert, sodass
das Kriegführen für den Rest aussichtslos wird. Bis es soweit ist,
werden wohl noch Hekatomben geopfert werden.

       Trotzdem ich diese pessimistische Meinung habe, würde ich
aber Ihre Broschüre (womöglich von emotionellen Schlacken gereinigt)
gerne publiziert sehen und gerne mein bischen Einfluss in diesem
Sinne in die Wagschale legen.

Mit freundlichen Grüssen

Ihr

A. Einstein.

INDICE